リスクを回避して、
ずっと豊かでいる方法

不動産投資

これだけはやってはいけない！

不動産コンサルタント
長谷川高

JN238486

廣済堂出版

はじめに

不動産投資での大きな失敗を避けるための本

私はこれから、不動産のプロとして、不動産投資における成功の秘訣を語りたいと思います。しかし、もしかしたら、読んですぐに腹の底から理解できる方は多くはないかもしれません。

なぜなら、人間はやはり失敗を何度も重ねることで、「本当の理解」を得ることが多いように思うからです。けれども、個人の不動産投資家が「失敗を重ねる」ことはなかなかできないのではないでしょうか。

不動産投資は、1回の投資額が他の金融商品への投資に比べ、非常に大きな額になります。よって、たった1回の失敗でも、それをリカバーすることが極めて難しく、後々、皆さんやその家計に大きな打撃を与えてしまうのです。

そのたった1回の失敗をどうにか避けることができるように、さらには失敗を重ねなくても成功のコツを理解できるように、私は本書を書いた次第です。

また、「不動産（投資）」の世界では、専門用語や業界用語が使われ、難しく思われがちですが、そもそも、そこまで難しくない分野だと感じています。英語でいうなら、中学2年生のレベル程度ではないかと（かつて英語を教えていた経験から）思っています。

本書では、中学2年生が読んでも十分理解できるような言葉や表現を使い、皆さんになるべくわかりやすい内容にしました。

不動産投資はセレンディピティ（偶然）を活用した面白いゲーム

次に、不動産投資は実に面白いゲームであるという点も、指摘しておきたいと思います。

私は、不動産の取引をめぐる不思議な「偶然」というものに日々驚かされます。

不動産投資ゲームにおいては、常日頃から偶然もたらされる「セレンディピティ（思いがけないものの発見）」を意識することが不可欠です。

この「セレンディピティ」こそが、投資行為において、家計や人生に豊さをもたらす「源」かもしれません。

この偶然に出会うためには、「日々の行動」が不可欠です。

そして、その行動がアナログ的であればあるほど、セレンディピティが発生する可能性が高いと私は感じます。

不動産情報は、数億円の情報も100億円の情報も、人を通じてやってきます。顔を合わせて、本題の話を進めていく中で、「そう言えば、別件なんだけど、ある方が困っていて……こんなアパートがあるんだ……」とか、「実は、以前から少し問題がある物件だけど……このビルどうかな?」などという話に発展することがたくさんあるのです。

「何でもない雑談がきっかけで大きなビジネスに発展する」ことは少なくないとこの業界に20年以上いる経験からも断言できます。

コンピューターを切り、リアルの世界へ踏み出そう!

以前、グーグルのCEOであるシュミット氏が、ペンシルベニア大学の卒業式で以下の言葉を贈ったそうです。

「コンピューターを切り、アナログの世界に触れよ」

「パワーポイントを閉じ、風上帆走に挑め」と。

不動産業界に身を置く自分の胸に、

「今や世界最強のＩＴ企業のトップがこの発言をするか!!」といった感動が広がりました。

「まさにわれわれの業界の生き残り戦略と同じではないか！」と。

経済不況だといって萎縮《いしゅく》していてはどうしようもありません。

「アナログの世界」とはどういうことでしょう？　要は（よい）人に会うことだと思います。私も、日々多くの個人投資家の方にお会いして、何を隠そう自分自身が一番学ばせていただいています。


すでに不動産投資を始めている方から「なかなかよい物件がみつからない」という声をよく聞きますが、ネットばかりに頼っていてはよい結果は望めません。

「ＰＣを切り、外へ出て、よい人と物件と出会いましょう！」

これが、不動産投資ゲームにおいて成功するもう一つの大きな秘訣だと私は思います。

ぜひメンターとなり得る人や優良物件情報を探しに、リアルな世界へ踏み出してみてください。そのためのコツを存分に書きましたので、本書がその第一歩のきっかけになれば大変うれしい限りです。

２０１１年春　長谷川 高

contents

part 3
「大家業」を志す人の物件の選び方・買い方

part 4

“家賃保証”といっても実は永久ではありません

不動産投資で“やってはいけない”カン違いや思い込み

part 5
質問力とコミュニケーション能力を磨く
売主・不動産投資業者から本当の情報を引き出すために ―― 195

※本書は特定の投資商品・投資手法を推奨するものではありません。
※本書により発生するいかなる損害についても、著者、発行者、発行所は責任を負いかねます。投資判断は自己責任につき行ってください。

The Guide to Decision-Making and Investiment

part 1

不動産投資を
ハイリスク・ハイリターンにしないために

借り手優位の時代の
不動産投資手法

不動産投資を始める前に

個人の不動産投資家にはチャンスが続く

個人投資家の皆さんが近年において不動産を安く買えたのは、米国のサブプライムローン問題の直後＝2008年の秋～冬頃と、その余波で09年3月前後の市場が低迷していた時期です。実際、あのタイミングではよい買い物ができました。

しかし、「絶好の底値買いのチャンスを逃してしまった！」と悲観する必要はありません。**これから不動産投資を始めよう、また既に始めていて2件目、3件目の投資を考えているという個人投資家にとっては、総論として今後も「買い場」が続くと考えています。**

なぜかというと、不動産会社をはじめとするプロが投資用に不動産を買いたいといっても、彼らに対する融資がまだまだ厳しい状況が続いているからです。

つまり、**本来ならプロにだけ情報が流れて、アマチュアとしての個人投資家には回ってこなかったようなとっておきの物件情報が、私たち個人投資家にも回ってくるようになっ**

たのです。物件が多数ある状況で、特にお金に余裕のある個人投資家にとっては、ゆっくりじっくり物件を選べるという状況が今後も続くと思われるのです。

現在の個人投資家の「層」がどうなっているのか、ここで確認しておきましょう。

次ページのような裾野《すその》が広い〝山形〟になります。自己資金と金融機関からの借入金を合わせた投資金額が1000万円から数千万円の層がふもとに広がり、1億～2億円以下の層は裾野が広いということがわかります。投資金額が5億円以上になると投資家が減っていき、10億円を超えると、投資家の数もわずかしか存在しません。

ところが、物件の流通量はというと、異なったカーブを描いています。

物件価格が少額だからといって物件数が多いわけではないのです。一億円以下の物件が多く流通しているかといえば、相対的に少ないように思われます。

ここにある種の大きな需給ギャップが起きているのです。1億円以下の物件を求める個人投資家には、なかなかよい物件がめぐってこないというのが現実です。

その一方で、5億円、10億円という単位を動かせる個人投資家は、相対的に多くの物件からじっくり選ぶことができる状況にあります。大手の不動産会社が私の会社にやってきて、ビルを売りたいという希望を寄せられることがありますが、それらの多くは、10億円

◪ 投資可能額・投資家数のイメージ図

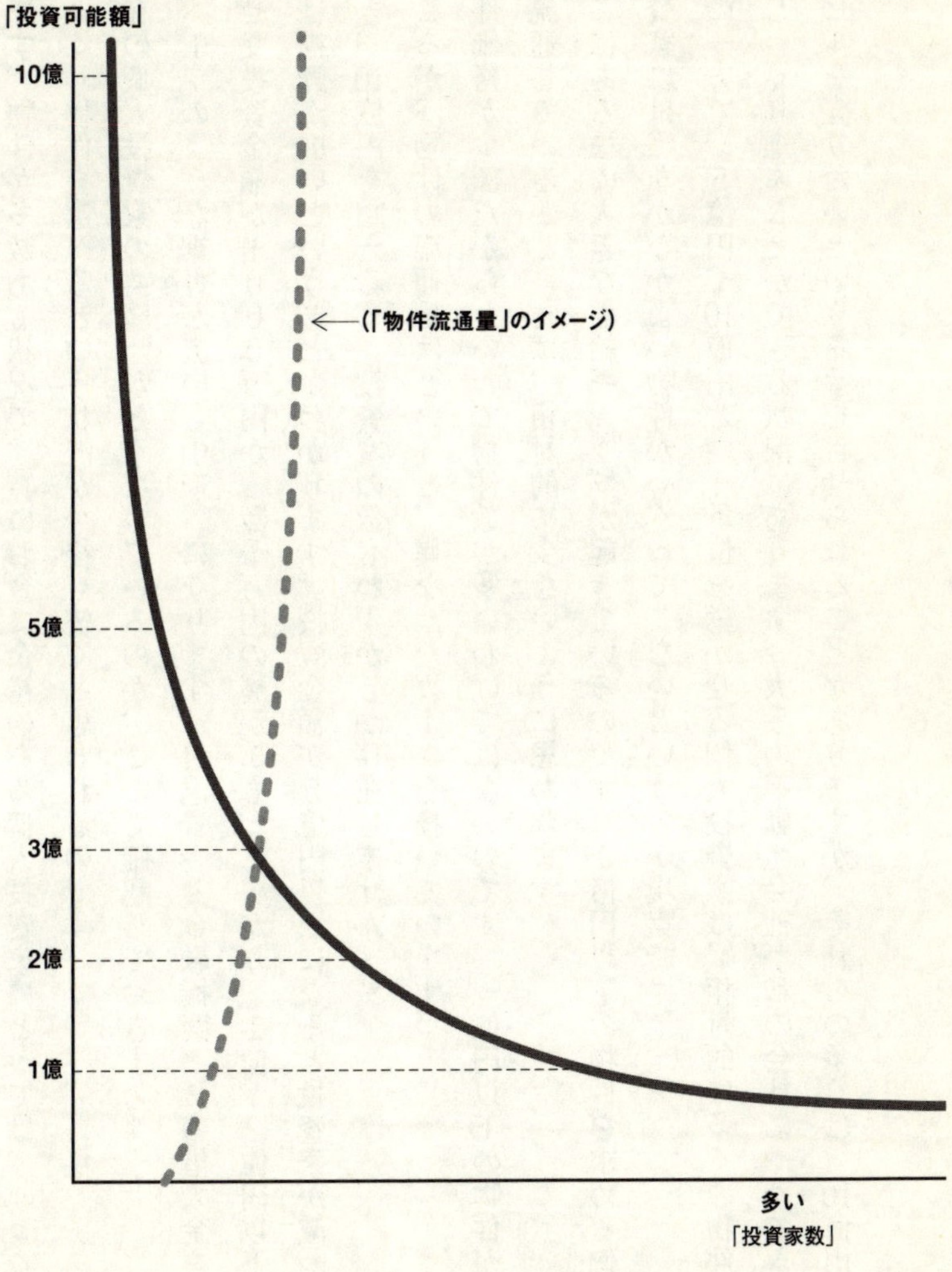

以上の価格です。いくらよい物件だからといって10億円以上の資金で買える人は少ないため、競争相手が少なくなります。そういった高価格物件に投資する方には、正にチャンスではあります。

ただ、物件価格と投資可能価格との間に、需給ギャップが存在するからといってあきらめる必要はありません。

サブプライムローン問題やリーマンショックの時期に痛手を負ったプロの間では、いまだに資金が回りにくいという状況に変わりはありません。同じように不動産投資を始めたいというライバルの数こそ増えますが、市場まれに見る超低金利でもあります（この先はわかりませんが……）。全体の不動産市場を見たときに、個人投資家には追い風が吹いているといってよいと思います。しかし、前述のようにライバルは増えていますので、皆と同じ行動をとっていてもなかなか成功はおぼつきません。

他とは違う、不動産投資の特徴

不動産投資は、株式投資やＦＸ（外国為替証拠金取引）、外貨預金といった他の投資に比べて、中長期の投資になることが多く、リスクの度合いも株式投資などとは異なります。

それに、後述しますが不動産業界そのものが世間一般に思われているよりも〝古い〟業界で、人づき合いや情報の流れ方もアナログです。

ネット証券の、ワンクリックでカンタンに株を買って「数日後に1割の利ざやを得たから売って成功」といったトレードとは根本的に異なるということを知っておくべきです。

詳細はPart2以降で述べていきますが、不動産投資においては物件の選択眼や資金力に加えて、皆さん一人ひとりの「個」の力、つまり総合的な〝人間力〟が必要になってくるのです。〝人間力〟というとちょっと大げさかもしれませんが、**皆さんの信用、例えば本業のキャリアや年収ばかりでなく、コミュニケーション能力も重要になってきます。**

決して水を差すつもりはありませんが、「少しかじったアマチュアがいちばん危ない」というのは20年以上よいときも悪いときも業界を見てきた私の実感です。

「株式投資のキャリアは5年あり、その間、30%の利益が出ている」

「経済や金融に強く、企業分析もできる」

こういった成功体験や努力は大変すばらしいことで、不動産投資に際しても武器になります。しかし、不動産における投資では、それとは少し違った能力や努力が必要となってきます。まず不動産投資の特徴を改めて確認しておきましょう。

不動産投資のリスク、リターンと流動性とは

20ページの図を見てください。

株式や不動産、定期預金などでリスクとリターン、および流動性（現金化しやすいかどうか）を比較しています。

株をやっている方ならおわかりでしょうが、時価総額（発行済み株式数×株価）が大きく、小型株に比べて比較的値動きが安定している大型株でさえも、大きく株価が跳ね上がることがあります。

株式投資はハイリスク・ハイリターン

あくまで一例ですが、06年春先に2万円弱で推移していた任天堂の株価は、07年後半には好業績などに支えられ、7万円を超えました（その後、世界不況で下落し現在は2万円半ばの水準に逆戻り『2011年3月時点』）。結果論ですが、この上昇期にうまく投資ができれば、わずか1年半ほどの間に、投資金額を3倍以上に増やせた計算です。

不動産投資は、ミドルリスク・ミドルリターン

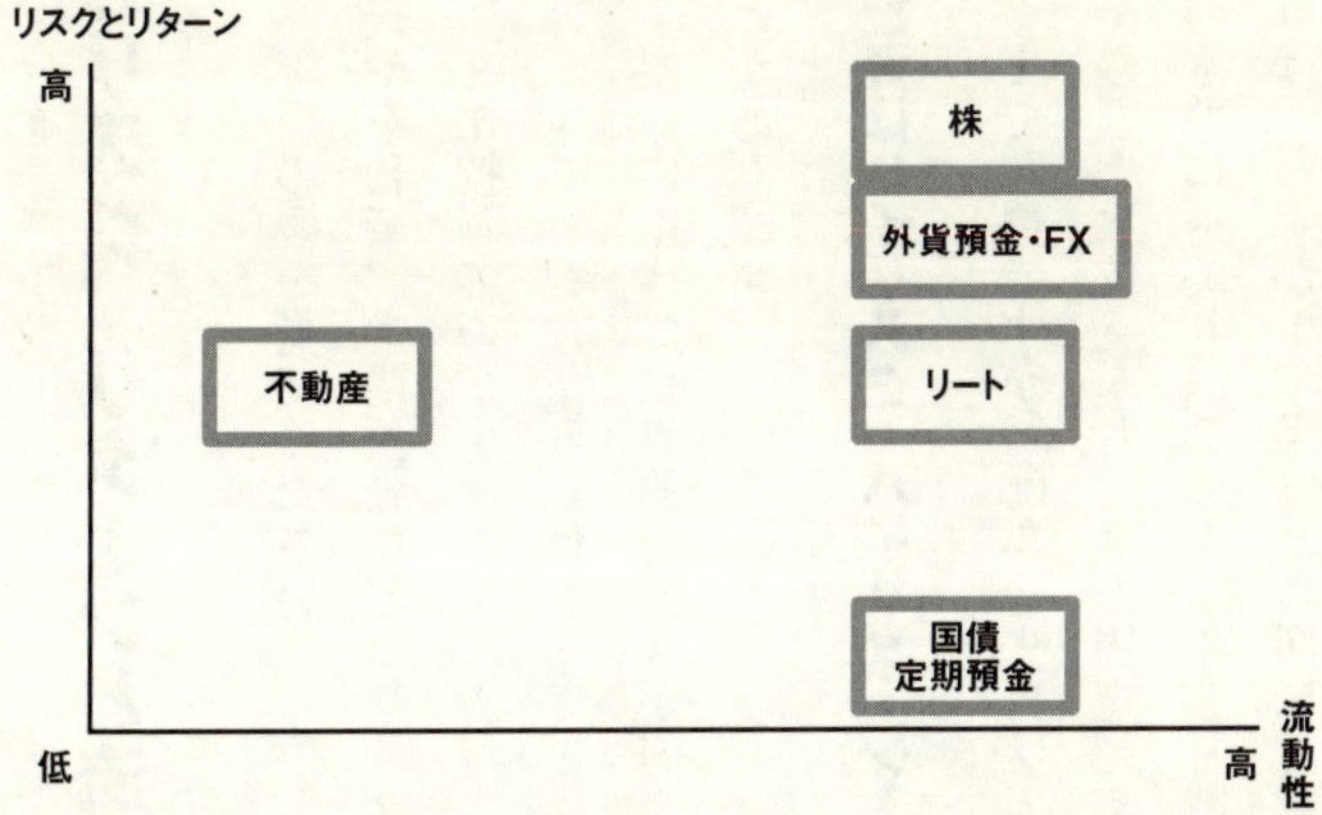

一方でその前後、ライブドアをはじめとする新興企業などの経営不振や上場廃止によって、株価が大きく毀損《きそん》する例も多数あります。絶対につぶれないと誰しもが思っていた西武鉄道でさえ、04年に証券取引法違反事件を起こし、東証1部の上場廃止となって現在に至っています。同社の株価は、有価証券報告書の訂正を発表したときの1081円から上場廃止時までのわずかの間に、268円、約4分の1にまで下がってしまいました。

つまり、リターンも大きい半面で、急な業績悪化や倒産、不祥事などさまざまなリスクと隣り合わせの株式投資は、ハイリスク・ハイリターンの投資商品です。

かくいう私も、不動産投資をはじめさまざま

な投資活動を行っていますが、ＩＴやバイオといった分野の株式投資では失敗も経験して、なかには株価が20分の１にまで下がった銘柄もありました。

また外貨預金も、株式ほどではありませんが比較的、ハイリスク・ハイリターンの投資です。**外貨への投資は利回りは高いけれども、昨今の円高に代表されるように為替差損のリスクがあります。将来の為替水準を予想するのは専門家でも大変難しく、思っているよりもリスクが高い**のです。ＦＸも同様です。

不動産投資はミドルリスク・ミドルリターン

ハイリスク・ハイリターンの投資商品の対極にあるのが、国債や定期預金といった元本保証の商品です。元本割れがないというノーリスクは大きなメリットですが、そのぶんリターンも極端に低い。例えば3年ものの定期預金でも金利はせいぜい０・04～０・06％程度です（２０１１年3月時点）。アインシュタインが「複利は人類最大の発明」と指摘したという説がありますが、肝心の金利がこの有様では、長期にわたり、複利で運用しても元本が大きく増えることはありません。

リスクとリターンの側面からとらえると、不動産投資はその中間、つまりミドルリスク・

ミドルリターンだと私は思います。

適切な投資を行えば、年間で5～10数％程度の利回りが比較的安定して期待でき、株に比べれば値動き（ボラティリティ＝値動きの幅）もそれほど激しくもありません。株式投資のように数年間で何倍といった利益を生むことは難しいですが、その半面で、企業が倒産して株券が紙くずになるようなこともありません。

資産価値が大きく毀損《きそん》する株式投資における企業倒産。これに匹敵する不動産投資での最悪の事態はやはり火事や大地震でしょう。ただし、仮に建物が倒壊・消失したとしても、土地はいつまでも資産として残ります。

ちなみに、株式と不動産投資の双方の特徴を合わせたリート（Real Estate Investment Trust＝不動産投資信託）という商品もあります。株式やＥＴＦ（上場投資信託）と同様に証券会社などを通じて手軽に購入できます。不動産投資と組み合わせて利用する方法などは後述しますが、**利回りとしては5～8％程度を期待できる投資商品で、リスクもリターンも不動産投資に似ているといえる**でしょう。

リーマンショックの前後は株式同様に大きく下がりましたが、現在はやや安定してきました。その分、株価も高くなっています（２０１１年３月時点）。

流動性が低い分、中長期投資が基本

このように、リスクもリターンもそれなりに程よいのが不動産投資である思いますが、注意しておくべきことがあります。それは、流動性の問題です。

流動性とは、換金性つまり現金化しやすいかどうかです。定期預金や株式なら窓口や市場が開いているときはいつでも売買して、即日あるいは数日後には現金を手にできます。

一方、不動産は、こちらが売りたいと思っても買い手を探す必要があり、事務手続きなどを考えると、2〜3カ月は必要でしょう。売買の契約ができても入金（＝引渡し）にはさらに時間がかかることもあります。そのため、なけなしのお金で投資した場合、急にキャッシュが必要なときに困ることがあるのです。

このように不動産の売買は流動性が低く、また株式などに比べて諸経費（仲介業者への手数料や税金）が高くつくこともあり、**中長期で腰をすえた投資が基本ということになります。株では配当金（インカムゲイン）よりも売買益（キャピタルゲイン）を狙うのがセオリーですが、不動産投資では売却益よりも毎月の家賃収入（インカムゲイン）を中心に考えます。そして家賃収入という「キャッシュフロー」は、再投資に充てたり、生活費の**

足しにすることが可能です。

話は変わりますが、不動産業界で生き残っている企業を見てみると、勝ち組になるためのポイントはやはりキャッシュフローを生んでいるかどうか、ではないでしょうか。

毎月のキャッシュフローを安定して生んでいる不動産会社は、不況下でもどうにか生き延びています。業績が急降下してしまった企業でも、なぜかつぶれていないのは、なんらかの「キャッシュフローの源」をもっている会社です。それゆえ、大手デベロッパーでも、子会社に管理会社をもっているところや、パーキング事業を行っている企業が多いのです。

大掛かりな開発事業や流動化（転売）事業に比べると、大家業の管理業務はある意味、地味ですが、毎月のキャッシュフローが安定して入ってくる分、経営は安定しています。

これは大手不動産会社に限らず、個人や中小企業にも同じことがいえます。

大手の三井不動産や三菱地所は、収益の40～50％は賃業収入です。不況などで多少の含み損を抱える開発案件があっても、会社の屋台骨がつぶれない、大規模なリストラもしないで済むのは、ひとえに「キャッシュフローの源」をもっているからなのです。

株式に比べて、リスクを把握・コントロールしやすい

さて、不動産投資のリスクはミドルレベルというお話をしましたが、これからの時代の不動産投資において、どのようなリスクが考えられるのか、整理しておきましょう。

株や外貨への投資に比べて、「不動産投資は、自分でリスクを予見し、コントロールしやすい」というのが私の持論ですが、そのためにはまずリスクの中身を知っておかねばなりません。

不動産投資の6つのリスク

不動産投資のリスクは大別すると以下の通りです。

1　人口減少のリスク
2　流動性のリスク
3　非成長のリスク
4　遅行性のリスク

5　金利上昇のリスク

6　エンジニアリングのリスク

1の**「人口減少のリスク」**は、日本において、もはや避けられない少子高齢化の流れです。地方はもとより、今は人気の都市部エリアの賃貸市場でさえ、今後は需給バランスが崩れてくるエリアがあるでしょう。人口減少に加えて、都市部と地方の格差も拡大傾向にあり、例えば東京と地方、また東京の中でも都心と郊外というふうに二極化が進んでいくと思われます。

当然、人気のないエリアは家賃を下げなければなりませんが、中には、家賃を下げてもなかなか空室が埋まらないという現象が起きています。人口減少のリスクは、言い換えれば空室リスクの増大でもあるのです。

2の**「流動性のリスク」**は、前節で説明した「現金化しにくい」というリスクです。何らかの事情で現金化を焦るあまり、相場より安い＝不本意な価格で売買交渉のテーブルにつかざるを得ない、といったことも起こります。

3の**「非成長のリスク」**は初めてお聞きになる人もいるかもしれません。端的にいえば、不動産自体は自ら成長することはなく、**建物はどんどん古くなり経年劣化していく**ということです。企業のように徐々にでも成長していくことは基本的にありません。もちろん地域が開発されたりして地価や人気が上がることはありますが、不動産自体が自ら価値を高めていくことはないのです。

4の**「遅行性のリスク」**もあまりなじみがないかもしれません。遅行性とは、賃料が下がるにしても上がるにしても時間がかかることです。

例えば東京都港区の南青山住宅地では、90年に坪単価3600万円した地価が、その後360万円、1200万円、360万円と乱高下しました。もしも地価が3倍、5倍に値上がりしたからといって、賃料は同様に上がったりはしません。仮に賃料大幅増の訴訟を起こしても勝てません。継続的な賃料が優先されるからです。もっとも、地価が急激に下落しても、比例して賃料まで下がるわけではないので、リスクばかりともいえませんが。

また、現在は高利回りで運用できているようでも、5年経ったときにもその水準に近い利回りを出せているかはわかりません。建物の劣化や競合物件の増加で、家賃も下落しているかもしれません。ゆっくりと5年、10年かけて結果が出るのが不動産投資の特徴であり、これこそが遅行性のリスクなのです。

5の**「金利上昇のリスク」**は借り入れをするときのリスクです。豊富な自己資金や相続した土地など優良な担保がある人は別にして、個人投資家は、自己資金に加えて、たいていは借り入れをして投資を行います。その際、自分で住むための住宅ローンとは異なり、**収益不動産に投資するための「アパートローン」は、基本的に変動金利での借り入れになります。**多くの場合、固定ローンが組めないわけですから、景気変動などで金利が上昇すれば思わぬ出費になり、ひどい場合は逆ザヤ（家賃収入よりも返済金が上回る）まで発生することもあります。このあたりのシミュレーションはＰａｒｔ３で行います。

最後の**「エンジニアリングのリスク」**とは、建物のリスクのことで、大震災による倒壊や雨漏り、シロアリの発生、その他思わぬ大規模修繕費用が発生するリスクのことです。

以上の６つのリスクは基本的にすべての不動産投資において注意すべきことです。

自分でモノを見て将来性を予測できるのが不動産投資

先にも述べたように、不動産は株式投資に比べたら、リスクを予見し、将来にわたる収益を判断しやすい、というのが私の持論なのですが、その最大の理由は「自分で物件を見て調査することができる」からです。物件の外観はもちろん中まで（住人がいて無理な場合も間取り図は見られます）、さらには建物の修繕の履歴や周辺環境、隣接地が今後どうなるのかという見込みさえも、見たり聞いたりといった基本の調査が投資家の努力次第で可能なのです。細かな方法論はPart3～5で述べますが、自分の努力で納得いくまで調べ尽くして、「このリスクが高いから投資はやめよう」「思ったより修繕費がかかるので、売主さんが300万円、値下げしてくれるなら買おう」といった判断を自ら立てられるのです。

これが株式投資ならどうでしょう?

アナリストの業績予想や企業が出す決算書は参考にできますが、投資しようと思っている企業の「内側」にまで入り込んで、強みだといわれている商品や技術、サービスの実際や今後を正確に判断することは至難の業です。決算発表の際、社長の説明をネット動画で流す企業などもありますが、直接にインタビューすることは普通は不可能です。

変化の激しい時代ゆえに、M&A(企業の合併・買収)や社長交代も日常茶飯事で、極端にいえば企業の社長本人でさえ、自社の3年後、5年後を見通すことは困難なのではないでしょうか。それに比べたら、「不動産はわかりやすい」と私は考えます。

さらに、**不動産投資家(つまりあなた)も普通に暮らす住人でもあるわけです。戸建てであろうがマンションであろうが、皆さん「住」のなんたるかは、生活実感としてお持ち**

だと思います。賃貸に住んだことがないという人でも、賃貸住まいの友人知人を訪ねた経験はあるでしょうし、仮になくても「これからどんな部屋、設備が好まれるか」をイメージして、物件を選んだりリフォームの手段を考えたりすることができるわけです。

再び株式投資と比較しますが、例えばＩＴ業界で働く人なら同業種・業態をイメージすることはできるでしょうが、別世界の物流や金融セクターとなるとどうでしょう。勉強を積むことで他人（アナリストなど）の意見を分析するスキルは多少身につきますが、「実感」として他業種を理解するのは難しいでしょう。まして４０００以上もある上場銘柄から、自分の判断で今後伸びそうな銘柄を的確に選ぶのは困難です。

「たとえ知らないエリアの物件でも、まだトヨタの株よりは調べようがある」

これがデベロッパー勤務時代も含めて、20年以上、業界を見続けてきた私の考えです。自分の足と目と耳と鼻で将来にまで渡るリスクをみつめ、自分である程度確信をもつことができるのが不動産投資のいいところだと思います。

不動産投資は、ワンルームマンション１部屋の区分所有といえども、高額な投資で中長期にわたり、賃料の下落リスク等を含んだ投資となります。それだけに、リスクの中身を自分で判断できることは、他の投資商品にはない大きな利点ではないでしょうか。

過去のいわれや歴史的な背景までわかる

ここまで6つのリスクの内訳と、それらのリスクが現在から将来にかけてどうなるかを自分で把握できると述べました。実は不動産投資においては、**物件という「点」と、その周辺のエリアという「面」の過去を調べることもできます。**そのことにより、対象物件の思わぬリスクを発見できるのです。

例えば、地名に「水」を表す漢字が含まれるところは、昔は池や沼だったところが多い、などということを聞いたことがあるかもしれません。

ここで、地名で終わらずに、自分の足を利用してみることをおすすめします。エリアを下見に行って、道行く人に次のように聞いてみるのです。

「今度、近くに越してこようと思うんですが。このあたりは閑静で隣りの駅などにお寺が多いですが、昔はここにもお寺があったんですか」

「川がきれいですね。ところで、大雨の日に水が溢れたり、夏場に虫がわいたり、異臭がすることってあるんでしょうか?」

さらに、実際に図書館などを利用して古地図を探してみるのもよいでしょう。

古地図で「地歴」を調べれば思わぬことがわかったりします。例えば昭和後期には倉庫だったという情報が仲介業者さんからあっても、さらに昔を古地図で調べてみると、お寺があって、しかもお墓があった辺りの物件だった、ということもあります。住人が入れ替わったりして、そのような経緯が地域住民から忘れられているケースもありますが、地域によってはそのようなエリアに立つ物件はなぜか地価も安く、人気が出にくいということがあります。

仲介業者さえ知らなかった情報を古地図や周辺住人のコメントから得られることもあるわけです。

ポータルサイトの「goo」には古地図を無料で閲覧できるサービスがあります(http://map.goo.ne.jp/history/index.html)。また例えば横浜市では、自治体のサイトで古地図が閲覧できます。今後、そういったサービスが増えるかもしれませんので、参考にしてみてはいかがでしょう。

地方（郊外）物件のリスクとは？

不動産投資のリスクについて、視点を変えて見てみましょう。

個人投資家のなかには大きく分けて、都心に投資しようという方と、地方に投資しようという方がいらっしゃるようです。

次ページにカンタンな比較表を掲載しましたが、**投資家が期待する利回りとしては、おおよそ都心への投資が6～8％なのに対して、地方では10～15％以上と高くなります。**

高利回りというだけで飛びついてはいけない

どうしてこんなに差が生じるのでしょうか？

当然のことですが、将来の空室リスクや家賃の低下を考えると（相対的に）、次の入居者が見つかりやすいうえ、家賃が安定した都心は利回りが低く、地方は高くなります。この差は、空室リスクなどをあらかじめ考慮に入れたリスク・プレミアムの違いと考えるべきでしょう。

☑ 都心と地方、郊外型、それぞれのリスクとメリット

	都心	地方・郊外
利回り	低	高
管理	委託	自主
リフォーム	委託	自主
空室リスク	低	高
出口	△	×
ネット情報	△　×	◎
指値	△　×	◎
資金	ローン	現金 or フルローン

同様の観点から、「出口戦略」も都心は立てやすく、地方は立てにくいという現状があります。

いざ物件を手放す、転売するというときに、地方では買い手がなかなか見つからない場合があります。つまり、地方物件は都心に比べて流動性が低いのです。

また、地方物件では管理（メンテナンス）は、自主管理をされている方が多いようです。日々の清掃、入退室時のクリーニング、リフォームまで自分で行うケースもあります。これは、家賃に対してのメンテナンス費用やリフォーム費用が（家賃が安い分）相対的に多くかかるため、自ら行う方が多いともいえます。20万円のリフォーム費用に対して、月10万円の家賃であれば

2カ月分ですが、4万円の家賃では5カ月分になってしまいます。この差は大きいといえるでしょう。

ある個人投資家が私の元に相談に訪れました。

お聞きすると、東京の郊外にある物件（31㎡のワンルーム）に投資を考えているとのこと。現在は空室で、直近の家賃は6万3000円でした。物件の価格が安いということで、表面利回りは7％と、都心部の利回り相場より高めの案件に見えます。

そこでよくよく調べてみると……。年間賃料の20％を管理費、修繕積立金として取られることがわかりました。その物件は、旧分譲のマンションだったのです。どうして2割も取られるのかというと、やはり家賃が安いからです。例えば目黒区などでは、家賃が13万円取れるのに管理費や修繕積立金は先ほどの郊外物件とほとんど変わらない物件がありま す。建物はほぼ同じ規模で（固定資産税は若干異なるにしても）、家賃が低い分、管理費や修繕積立金の割合が高くなってしまうわけです。この時点で計算し直すと、表面利回りの7％は、実質利回りでは5・6％まで下がっていました。

一見すると「高利回り」の数字に踊らされてしまわないよう注意が必要です。

賃貸需給バランスの完全なる逆転

不動産業者だけが見ることができる「レインズ」（不動産流通機構が運営）というネットワーク（http://www.reins.or.jp/index.html）で検索すると、都内のある駅では500件空室があることがわかります。一つ手前の駅でも500件、さらに手前も500件！なぜ500件かと言うと、システム上500件以上は表示されないのです。こういう現状が都内でさえ、沿線や駅によっては存在する時代です。

30年近く前、私が大学生のときは、中央線の沿線などでは空室も非常に少なかったものです。よって、建築途中のアパートに連れて行かれて内見もせずに契約したり、社会人になって一人暮らしがしたくなって、ある駅近辺で探したりしたときも、空き部屋がないから図面を見て決めてくれと言われたものでした。それが当たり前だったのです。

ちなみに現在はどうかというと、需給バランスが逆転しています。相当数の物件が空室として存在しているのです。部屋の中を見ないで物件を決めるようなことはあり得ません。

先に触れた遅行性のリスクが現実化して、家賃相場は徐々に今後も下がっていくことが予想されます。先の相談者も、6万3000円という家賃を、10~20%は安くしないと入らない時期が、早々に到来するかもしれません。そうすると、実質利回りはさらに下がって約4・5％程度です。これなら、流動性も高く管理の手間ひまもかからないリートを買ったほうがいいという結論になります。リートも玉石混交ですが、信頼のおける銘柄でも4～5％程度の利回りが得られるものはあります。

その他、地方と都心の違いについてですが、情報収集においては、地方のほうがネット検索が有効と思われます。また競売物件や公売物件（国や自治体に相続税が払えないなどの理由で物納された不動産など）を探すのも、地方のほうがライバルが少なく有効です。

それにつけても思うのは、これまでの大家業はいい時代だったということです。これまでの20年、30年とこれからの大家業は、ガラリと変わると思います。賃貸物件自体が絶対的に少なく、建てさえすれば満室になったのは過去の話です。

このことは、人口ピラミッドを見ていただくとわかるはずです。団塊ジュニアから下の世代は、人口は激減していきます。当然ながら、就労人口も減っていきます。ちょっと辛口にいえば、これからは、物件探しの努力や物件価値の維持という工夫を、人並み以上にこなす必要があります。

今後、人口はどんどん減っていく！

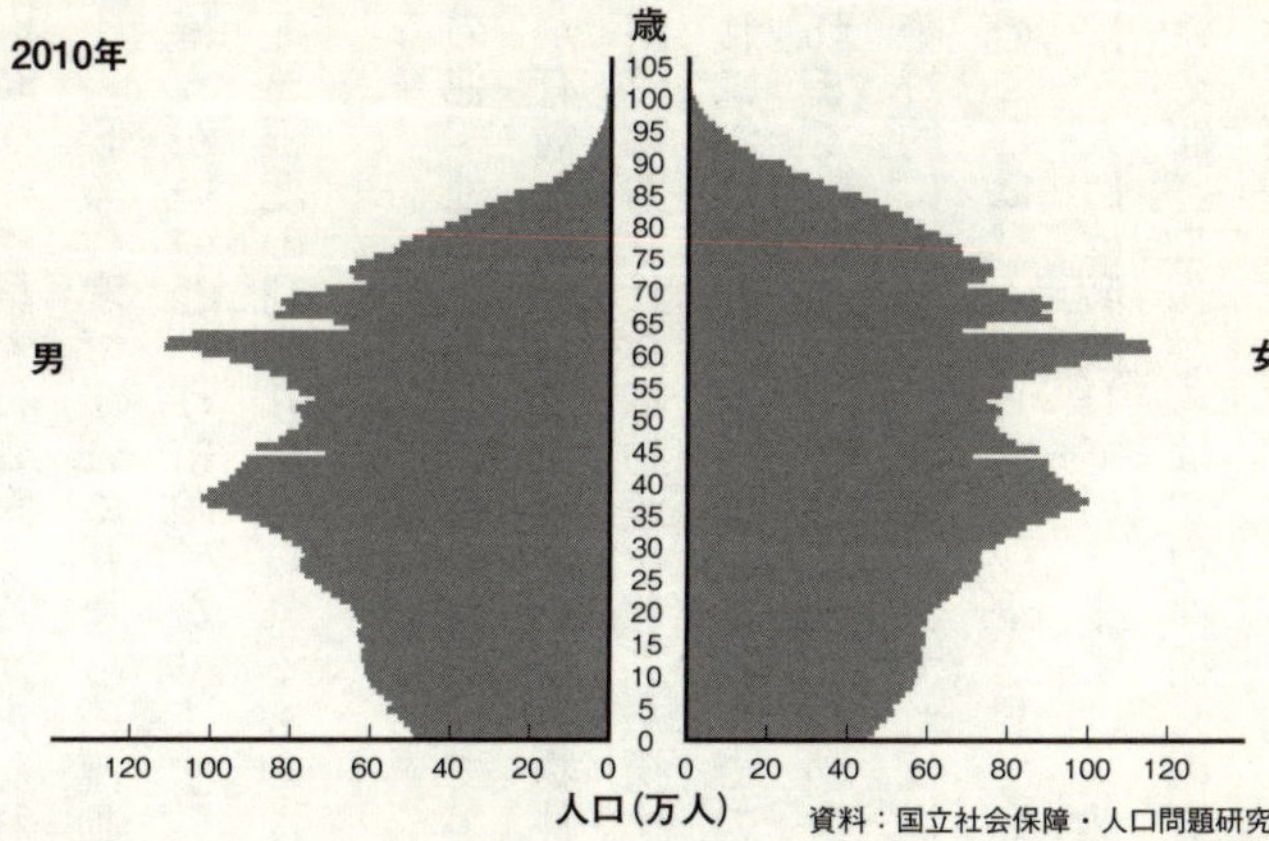

資料：国立社会保障・人口問題研究所

一つの企業や学校をあてにし過ぎない

地方や都心部の郊外に投資する場合、もう一つ注意しておくべきリスクがあります。それは、特定の企業や学校などに頼り過ぎない、当てにし過ぎないということです。

例えば過去に多くの大学が移転した東京郊外の八王子。移転とともに周辺に賃貸物件が建ち始め、今では供給過多です。さらにいえば、東京にある大学でも定員割れを起こしているような状況です。供給過多とはいえ、なんとか埋まっていた物件を、追い討ちをかけるかのようにリーマンショックが襲いました。

最近の大学生は、家の家計のことを考えて、実家から無理して通えるなら通うことが増えています。統計調査によると、学生への仕送りも平均10万円だったものが6～7万円に減っています。「狭くても日当たりが悪くても、安いほうがいい」という学生も増えているようです。

当初は成功していると思えたワンルーム投資、マンション1棟投資が、わずか3年ほどの間に状況が一変してしまっているケースも出てきています。

大学の例だけではなく、今後は企業が、シャープの亀山工場に代表されるように、生産拠点を海外や国内の他地域へと移転・集約するようなケースもあるでしょう。**大学と同様、特定の地域で特定企業の従業員だけを入居者と見込むような物件は今後は一層の注意が必要です。**

不動産投資の４大原則１．わからないものには投資しない！

この本は不動産投資の教本として書いていますが、無責任に投資を煽《あお》ったりするつもりは毛頭ありません。むしろ中立的な立場から、メリットもデメリットも、そうして投資にあたっての具体的なノウハウもできるだけわかりやすく伝えたいと思っています。

そのため、もう少しリスクやこれからの「不動産投資家」や「大家業」の心得のようなものについて語っていきたいと思います。

私が20年間の経験で得た、不動産投資の四つの大原則があります。その一つが「わからないものには手を出さない」です。株でもＦＸでもわからないものに投資したら痛い目にあうのが投資の鉄則だと思っています。

そのエリアの「地位」ランクがわかるか？

不動産投資に興味をおもちの皆さんですから、土地土地の「地位（じぐらい）」という言葉を聞いたことがあるかもしれません。土地の価格やイメージ等も含んだ総合的な「位

（くらい）」といった意味です。ある地域、市内などで人気があったり有名な町名を上位から○○町、次は××町と言い当てることができるのが「地位」のわかる人です。

土地土地の人気度や格までは正確にわからなくても、**少なくとも投資を検討するエリアであるなら、物件が属する自治体の町名を最低5つから10くらいはランク付けできるところまでいって、初めて「わかる」ということなのだと思います。**

地位がわかると、「あの町は東口はにぎわっているが、西口はとんと人気がない」とか、「この町は川を一つ渡ると異なる雰囲気になる」といった住人にしかわからない、生きた情報を投資判断に加えることができるのです。

私は東京の西部に縁があるので、例えば立川市内の地位は調べなくてもよくわかります。また個人的には神奈川県の鎌倉が大好きで、いつかは居を構えて住んでみたいと思っています。もう通って20年近くになりますから、ある程度の地位の把握はできています。

皆さんも、投資を検討する際に、物件そのものだけでなく、この地位を意識してみてください。そして「ある程度までわからなければ投資しない」、またはよく知っている人に詳しく聞くなどが必要であると心得てください。

「昔住んでいた、よく知っている」の功罪

地位がわかる、つまりよく知っている「わかる所」にだけ投資するのが基本ですが、それは言い換えれば、得意なエリアをつくるということかもしれません。

典型的なのは出身地や通学していて縁のある地域、昔またはいま住んでいて土地勘のある地域、将来、住む可能性がある地域、私にとっての鎌倉のようにこだわりがあって好きな地域……などです。

無理に興味もないいろんな場所の地位を覚えるよりも、そういうつながりのあるところから一つひとつ物件を探していくのもひとつの手でしょう。

その際、注意してほしいことがあります。

「オレは○○のことなら何でも知っている」。昔住んでいたり、縁があった地域についての知識や生活体験は財産です。とはいえ、**それが10～20年前の話で、離れてから一度も行っていないようなら、街がガラリと変わっている可能性がある**のです。当時の感覚は、現在も十分有効なのか？　この点を必ず確認してみる必要があるでしょう。

不動産投資の4大原則2．安いときに買う！

ロバート・キヨサキ氏の『金持ち父さん　貧乏父さん』を読まれた方も多いと思います。私も楽しく読みましたが、ただあの本を読み続けても、著者がなぜ成功したのかという細かなノウハウはよく伝わってきません。

一つわかるのは、著者は間違いなく、安いときに買ったのであろうということです。

相場や人生はサイクルを描く

かつてバブル経済が崩壊したあとに、多くの不動産会社や、また本業よりも不動産転売に精を出していたような企業が破綻し、市場から去っていきました。9勝1敗ペースできていたのに、最後の大一番の（本来はやるべきではなかった）勝負（取引）に失敗してすべてを失ってしまった企業がいかに多かったことか……私たちはそこから多くの教訓を学んだはずだったのに、08年のサブプライムローン問題のあと、同じように一時は羽振りのよかった新興デベロッパーが数多く淘汰されていきました。

なぜ、プロの不動産会社が破綻をくりかえすのでしょうか?

世界不況の影響はあるにせよ、それらの企業は、単純に土地や建物が高いときに買って、その後、転売できなかったからなのです。

つまり、プロでも安いときにだけ買うということは意外に難しいのです。

一方で、堅実な財閥系の大手不動産会社などはしっかり安いときに動き出しています。ビルも買っています。それも、転売目的ではなく自社保有のための投資です。安いときに買って、将来に備えているのです。

もっとも、いつが一番安い価格=底値なのかどうかは私にもわかりません。日経平均株価のような指標が毎日発表されるわけでもなく、株価とは違い、不動産価格の騰落《とうらく》は予想しづらいのです。ただ、当分の間、この安値は続くと考えています。

「人の行く裏に道あり花の山」

千利休が詠《よ》んだともいわれ、今では投資格言として知られているのが次の句です。

「人の行く裏に道あり花の山」

いわゆる**「逆張り」こそが、投資で勝つための手法である**ということを教えてくれています。不動産投資でいえば、プロや投資家が総悲観して物件を投げ打ったりして価格が下落、不動産の価格がどこまで下がるのかと皆が不安に思っているようなとき（例えば、08年当時のような状況）、そんなときに、勇気を振り絞って安値で買うということです。株式投資における考え方と同じです。

相場のサイクルがマイナスに入って、人々が落ち込んでいるときに買いへ転換する、逆に何年後かわかりませんが、人々が熱狂して「まだ上がる」と考えているときには、そっと手仕舞いしたり、投資することはしばらくお休みして、海外旅行に出かける。こういったことができれば、個人投資家の中の勝ち組として生き残っていくことができるはずです。

不動産投資の4大原則3・待つ――急に手を出さない

大手のデベロッパーに勤めて開発事業などに携わっていたときのことです。あるとき、試しに統計をとってみたことがありました。それは「私たち投資担当者が集めてきた情報が、果たしてどのくらいの割合で契約ベースで成約しているのか」というものでした。

物件選びは「センミツ」と心得たい

統計を取ってみて気が遠くなったのを覚えています。われわれが売買契約に至った（実際に買うことができた）のは、割合でいうと1000件集めてたったの5件だったからです。

不動産業界でよくいわれる**「センミツ（千三つ）」**と、**当たらずも遠からずの確率**だったのでした。

セミナーなどで、折に触れてこの話をもち出します。

なぜなら、わからないものには手を出さない、安値で買う、という既に述べた二つの大原則は理解してくださるのに、**「待てない」で「それほどでもない物件」に投資してしまう投資家があまりにも多い**のです。

勉強を重ねてはやる気持ちはよくわかります。

ですが、投資用の物件というのは、そもそも論として絶対数が少ないのです。情報は玉石混交です。それらを取捨選択して、かつ「わかるもの」の中から「適正な価格で買える」物件だけが安心して投資できる物件ですから、都合のよい物件はそうそうはないと心得ておいてください。

センミツはさすがに極端にしても、私の長年の感覚でいうと、個人投資家にとって「これなら投資してもいいかな」という不動産は、**100件のうち3件あればいいほう**だと思います。そういう情報に辿りつき、自分の足で努力してリスクを調べ、納得がいくまではひたすら「待ち」の姿勢が必要なのです。

勉強を兼ねてリートに投資してみる

待つことができないとは、野球に言い換えれば、釣り球や悪球に手を出してしまい凡退してしまう打者のことです。本来、選球眼があるはずの打者、つまり不動産投資のことをよく勉強して準備をしてきた投資家でも、打ち気にはやって失敗してしまうのです。

野球なら次の打席もあるだろうし、少額の株式投資なら、一度失敗しても損切りして仕切り直すこともできるでしょう。ですが、**不動産投資は（一般に借り入れも伴う）高額なもので最初の失敗を次に生かすということがなかなか難しい**のです。

ですから、いい物件が見つからず悶々とお金を眠らしておくのは嫌だという人には、先に述べたリートをお勧めすることもあります。数十万円の単位から投資できる銘柄がありますし、分配金という形でキャッシュフローを得ることができます。

最大の利点は、リートを実際に買うことで、経済のことに敏感になったり、また「このリートは果たしてどんな物件に分散投資しているのだろう？　プロが今、目をつけているのはどのエリアか？」といったことを、勉強することができることです。

ウォーレン・バフェットと「待つ」大切さ

全米第2位の富豪であり、世界的に有名な投資家であるウォーレン・バフェット氏は、株式などを自分で見極め、本来の価値より価格が大きく下回ったときに買って、なおかつ長期保有することで有名です。今回の世界不況に際しても、ゴールドマンサックスが経営危機になるや、50億ドルを投資しています。優先株（一般的な株より配当などを有利に受け取れる）で配当利回りが約10％とのことでした。

リスクのある不動産投資でも10％といえばある意味目標となる値ですが、**バフェット氏のこの例は株式の配当（売買益ではなく！）だけで10％という、かなり有利な利回り**です。ちなみに現在、日本国内の株式銘柄で配当を重視していると言われる優良銘柄でも、2～3％程度です。

バフェット氏はお金があったから、そういう株に投資できた。それも事実です。ですが、最大の要因は、そういった勝負の機をじっと「待つ」ことができたからではないか、と私は思います。

不動産投資の4大原則4・休む——勝ち続けることは非常に困難

投資で失敗する人は、投資しようと思ったときに「待てない」人だと述べました。あと、もう一つのケースは、一つの物件に投資した後、たて続けにどんどん物件に投資していくというパターン。これもリスクが高いと感じます。

実は個人だけでなく、会社にもそれはあてはまります。近年破綻した新興の上場デベロッパーもそうです。上場している限り、株主から増収増益を求められるということもあって、常にある一定の売上を維持しなければならず、はからずも高くても買ってしまった、という例です。

不動産の価格は、サイクルを描いて上がったり下がったりしますので、常に増収増益を目指すとなれば、おのずと地価が高いときにも投資しなければならないでしょう。高いときに「休む」ということが、企業には難しいのも事実です。しかし、個人投資家はどうでしょうか？　少なくとも「投資し続ける」義務はないはずですし、好機を待って投資をすればよいはずです。

個人投資家の皆さんは「待ち」の大切さを肝に銘じて、また実際に投資に成功したあと、あるいは「現在は投資の好機ではない」と思える状況があるなら、**まずは「休む」ということを身につけてほしい**のです。

個人の不動産投資は無制限のバッティングセンターにいるようなもの

ウォーレン・バフェット氏は、野球になぞらえて「個人投資家が失敗するのは、バッターボックスでいい球を待てないから」と喝破《かっぱ》しています。

バッティングセンターに立てば球数の制限もありますし、気持ちもはやって、試合では手を出さないようなボールなどでも皆さんスイングしますね。でも、こと投資では、打てそうにない球は打たなくてよい。いや、むしろ休んで見逃すべきなのです。永久に続く無制限バッティングセンターだと思えばよいのです。

1件、2件、そして3件と成功（に見える）投資を行ってきた投資家さんが、よく相談に訪れます。人は不思議なもので、成功してある程度のお金が入ってくるようになると、**もっともっとと気が大きくなり、そのぶん、これまで保てていた慎重な姿勢を失っていく**

ようなのです。

買い続けたくなるのは「欲」なのですが、もちろん欲が悪いわけではありません。

ただ、うまくいっているときこそ、いったん「休む」のも一つの手なのです。

私ならこう考えます。

「あれ、こんなにトラブルもなく次々にうまくいっていいのかな？　まわりにも成功している人が増えたけど、こんなにみんながうまくいくっておかしくないかな」

そうして、しばらく休みながら、地味な努力だけは続けながら、次にド真ん中の絶好球がくるまでじっと待ち続けるのです。

投資で連続して勝ち続けるのは、どの世界どの分野の投資でも、きわめて難しいことです。自分が「相当勝っているな」と思ったら、休むことも必要なのです。

リートや他の金融商品で複利を活用する

不動産投資を行って、毎月の家賃収入総額から金融機関への返済額を引いた額が手元に残ります。すると、フリーなキャッシュフローが毎月、少しずつ増えていきます。

先にもお話ししたように、このとき多くの投資家さんがすぐに次の不動産を買おうとするのです。それも焦って。運よく成功が続く人もいますが、なかにはそれまでの成功を帳消しにする人も少なくありません。

なぜなら、われわれ不動産業界の人間が一生懸命に投資物件を探しても、「良い物件」、「投資適格物件」に短い期間に連続して投資できることは、非常に少ないのです。

とはいえ、せっかくリスクを取って得た貴重なキャッシュフローなのですから、ただ遊ばせておくのももったいない。そこで、プラスアルファの利益を狙ってリートに投資したり、いいリートがないというのなら、債券に投資したり、定期預金に預けるというのも賢明な選択かもしれません。

「休む」というのはリタイアではなく、その間も勉強を続け、次の好機をじっと待つ姿勢のことです。その間、少しずつでも不動産投資から得たキャッシュフローを複利で増やしつつ、専門家を訪ねて行って話を聞いたり、ＤＶＤや書籍などで勉強したり、さらにいろいろな物件を見に行ったりするのもよいでしょう。

仮に５０００万円の不動産投資で、年間の実質利回り10％、つまり５００万円の利益が生じたなら（かなりの好例ですが）、「５００万円を頭金にしてすぐに１５００万円新たに借り入れて２０００万円の物件に投資する」のではなく、「貴重な５００万円を貯金する、あるいは、年5%でも6%でもいいからリートなどで利益を上乗せしていく」という発想ももっておくべきなのです。

その後、順調にお金が貯まっていけば、返済に使うなり、投資適格物件が出てきた場合に、そのお金を出動させるなり、選択肢を多くもっておくべきです。焦らずに、じっくりと勉強して物件を見極める目や新たな情報ルートをつくっていけば、いい物件と巡りあえる可能性も高まるはずなのです。

終わりのないゲームにしてはいけない

「わからないものには手を出さない」
「安いときに買う」
「焦らずに、待つ」
「成功したときこそ休む」

私が考える不動産投資の4大原則は聞いてみれば、「なーんだ」というものかもしれません。ただ頭でわかるのと身をもって実感するのは大違いです。実際に不動産投資を始めてみると、「焦り」や「もっともっと」といった欲」、それに「優柔不断」といったさまざまな感情が邪魔になり、実践することが難しくなります。

この4大原則をしっかりと身につけるためにも、**不動産投資の「終わり」を考えておきましょう。**

不動産投資に「終わり」が無ければ、資産はどんどん膨らんで行く可能性はありますが、それはどうも現実的ではないように思うのです。借り入れを前提に投資を行うのであれば、資産が増えるにつれて、借り入れも増えていきます。

人間やはり自分に合った、つまり毎晩枕を高くして眠れる限度額というものが存在するように思うのです。それを超えてまで投資するのは、精神衛生上良くないと単純に感じます。

中長期の不動産投資では家賃収入というインカムゲインが中心ですが、仮に売買益が見込めるような状況なら、「まだ上がる」と熱くならずにいったん売ることも一考です。

例えば10年ほどうまく運用できて投資金額の7割ほどは回収できた物件があるとします。今後、入居率などが下がって厳しくなりそうだという読みがあるなら、満室状態を保ったまま売ってしまう。あるいはもち続けるにしても繰り上げ返済をこれまで以上に積極的に行う……。

もっといえば、複数ある収益物件の一部を高値で売れるときにいったん売却し、定年した後は好きな街で快適に暮らせるよう、別荘物件に買い換えておくといった選択もあってよいと思います。

本書では税金のことには専門的に踏み込みませんが、子どもに相続させてあげたいのなら相続税のことをあらかじめ考えて、法人化なども含め、専門家に相談しておくこともいいでしょう。

永久に不動産投資をし続ける必要はありません。

「期間」で区切るか、「総資産額」や「総賃料収入」で区切るか、目標を決めて行うのが賢明だと思います。

そうでないと、このゲームには終わりがありませんので……。

COLUMN

米国不動産王から投資の基本を学ぶ

高校時代、先輩に勧められて見た映画がまったくピンとこなかったものの、後々テレビなどで偶然で見たら不思議と面白かったなんてことがときどきあります。今回もそれに近いでしょうか。

私が大学生時代だったか、不動産会社に就職した頃だったでしょうか、新刊のハードカバーで、ドナルド・トランプ（当時米国若手の不動産王）の自伝を読んだことがありました。しかし、どうも自分の自慢話の羅列のような内容で、特に何も印象に残るものはありませんでした。

ところが、つい先日、本屋で『トランプ自伝』（ちくま文庫）という当時と同じ本を発見し、もしかしたら以前と違う何かを得られるかもしれないと思い、購入してみました。

トランプ氏は、若くして（40歳前半）で不動産王と呼ばれ、自伝などを書いていたため、世間の一般的な評判も私の印象も「成り上がりの目立ちたがり屋」、つまりどこか「成り金」的な「一発屋的な人物」といった印象であったと思います。

しかし、今回改めて読んでみますと、彼の事業家かつ投資家としての手法が一言でいうならば「実に賢明で手堅い」という印象を受けました。

ある意味不動産の本当のプロであるとも感じました。

本書からいくつかその例を抜粋してみます。

「そこで五年前、やはりマンハッタンの地価が高すぎると思った時と同じように、もう少し様子を見ることにした。気長に、しかも注意を怠らずに待っていれば、そのうもっとよい機会が訪れるに違いないと思った。そのまま三年近くたったがようやく一九八〇年の冬に、アトランティック・シティの土地に関する情報を教えてくれるよう頼んでおいた建築家から電話があった」

狙った不動産をトランプ氏は、相当期間待っています。それも何年も。

本書を読む限り完全な「逆張り投資家」です。文中の言葉を借りるならば、「数年前ならあれほど人気を呼んでいた町が、突然文字通り冷えきってしまい、見向きもされなくなった」ときに、彼はいよいよ動き出し投資しています。

不動産でも株式でも、この「待つ」という投資行為がいかに難しいことかご経験のある方ならわかって頂けると思います（私もなかなか待てない部類です）。

また、トランプ氏は投資対象の不動産について、

「つむじ曲がりのようだが、私は込みいった取引にひかれる。そのほうが面白いという理由も一つだが、難しい取引のほうがねらったものが安く手に入るからでもある」と。

これは、つまり権利調整が複雑な（複数の所有者がもっているような）不動産を好むということなのですが、いわゆる「地上げ」もいとわず自らやっています。

実際に、彼は複雑な権利調整を仕上げてNYの一等地を手に入れています。

また、トランプ氏は不動産の所有者にこんなコンタクトの手法を取っています。

「それでも私はあきらめなかった。今度は（中略）手紙を書くことにした。まず会ってくれたことに感謝する手紙を書いた。それから二、三か月たってから考え直してもらえないだろうか、という手紙を出した。返事がないまま数カ月が過ぎたので（中略）。さらに時がたち、今度は（中略）反応は何一つなかったが、私は執拗に続けた」

まずは直接コンタクトを取り、それが駄目なら何度も何度も手紙を書くといっ

た地味な交渉を永遠としているのです。

また融資に関してはこんな一文もあります
「二、三の投資銀行と相談を始めた。たとえその為に高い金利を払うことになっても、自分自身でリスクを負うことを避けたかったのだ」と。

つまりこの場面は融資を引っ張るにしても実に慎重であり、金利の条件より「プロジェクト・ファイナンス」にこだわった場面でした。

実際、同氏はこの自伝を書いた後、数度も破綻しかけたようですが、そのたびにどうにか復活してきたようです。その理由は（日本の融資制度とは根本的な異なるとはいえ）やはりファイナンスの種類にこだわってきた様子が本書からもわ分かります。

私なりに強引かつ端的にまとめると、トランプ氏の投資家として優れたところは、まず以下の４つです。
１　長期に渡って（数年以上）、投資機会を待てること
２　一等地を権利調整（いわゆる地上げ）をして入手していること
３　それを基本的には自分で直接交渉して行っていること

4　しかし、ファイナンスの条件や契約条件には非常に慎重でシビアなこと

つまり単純な成り上がりの勢いだけで不動産王と言われるまでになったのではない、ということがよくわかります。地味で（一般的には）嫌がられる作業（＝努力）をいとわない相当老練な投資家です。

日本でも、かなり高齢な本当の投資家というか事業家のなかには、こういった考えで投資されている方はいらっしゃいますが、（同氏の父親がデベロッパー兼大家業を既にしていたことを割り引いても）40歳前半でこの投資手法を既に体得しているのは、やはりただ者ではないと感じました。

一般の投資家の方にとっても、いろいろな示唆と投資のヒントに富む自伝であるのではないでしょうか？

The Guide to Decision-Making and Investiment

part 2

お米を贈る大家さんになろう!

「大家業」が「サービス業」となる時代

大家さんにとっての企業努力とは

20年、30年前までの大家さんは、いわば貸し手優位の市場のなかで、言葉は悪いですが「貸してやる」という状況であったと思います。仮に空室が生じても、たいした苦労もなく次の入居者がすぐに見つかったからです。家賃の下落という心配も今ほどはありませんでした。ですが、今後は意識を改めないと競争に生き残れません。

時代は「大家さん」から「大家業」へ

大家さん業界は、ある意味、これまでほとんど競争をしてきませんでした。

誰が「客」で、誰が「サービス提供者」で、「誰」からお金をいただいているのか？冷静に考えればすぐにわかることですが、お客さまは入居者であって、サービスを提供してお金をもらっているのは大家さんです。

本来、サービスを提供しなくてはいけないのは大家さんサイドなのですが、サービス業といった意識は薄かったと思います。

既に述べてきたように東京の都心や郊外でも競争が激しくなってきており、ここ数年間で物件に投資した方のなかには、青色信号が黄色に点滅し始めている状況も出てきています。これからの20年、30年というスパンで考えた場合、競争はさらに激しくなると思われます。

現在、国内の約5000万という世帯数に対して、全体の住居の数は約13％上回っているというのが現状です。賃貸物件（貸家、マンション、アパート）に限定して見ても、実需よりも供給が約409万戸、上回っているのです（2008年時点）。つまり、全国的に見た場合、完全なる供給過多なのです。過去数十年、節税対策や資産の有効活用という名の下、多くの更地や農地が住居に転用された結果です。

既にそんな状況のなかで、今後は少子高齢化で人口減少が進みます。同時に都心と地方の二極化も進むでしょうから、特に地方での不動産運用はますます厳しさを増すと思います。

そんななか、大家さんとして成功するには、基本的には「優良な物件」に投資するしかありません。今後、一切家賃が下落しないということは非現実的ですので、家賃が「下がりにくい」エリアで、かつリスクを許容できる範囲で、しかも適正価格で物件を仕入れなければなりません。そのうえで、今後も増えるであろう競合物件やライバルの投資家たちと競争していかなければならないのです。

「貸してやる」という発想ではもはや通用しないでしょう。今後は、「住んでいただく」「長く住んでいただくために何ができるのだろうか?」というスタンスが必要です。

「大家さん」から「大家業」へ。「借家人という顧客が満足してくださるように、さまざまなサービスを提供したい(していこう)」、そんな心構えが必要だと思うのです。

謝礼2倍でも、奥の手にはならない

ここ数年、貸し手優位から借り手優位の時代に変わりつつあることを、いち早く実感し始めた大家さんたちが、これまでと違った動きをし始めました。入居者を探してくれる賃貸物件の斡旋業者さんに、大家さんが積極的に営業するようになったのです。

他の業種では、顧客を紹介してくれる人や会社を大事にするのは当たり前かもしれませんが、貸し手優位の大家さん業界では、そんな習慣さえ以前は薄かったのです。

最近は、斡旋業者さんにちょっとしたプレゼントを渡す、さらには、**2カ月分の礼金を**

積極的に支払うというケースまで登場しています。

これまで、1カ月分の礼金が「広告宣伝費」などとして斡旋業者さんへ支払われることはありましたが、大家さんサイドから積極的に「2カ月分を支払います」と営業している点に時代の移り変わりを感じます。加えて、斡旋業者側の担当者に「決めてくれたら」という条件で、個別に1万円程度の商品券などを渡す例もよくあるようです。

こういった報奨金を払う営業スタイルを最初にやっていた人は、うまくいったでしょう。斡旋業者さんも通常よりはるかに多い報酬をもらえるので、顧客をある種強引に勧誘してくれたのです。

でも、こういったウワサはすぐに広まります。東京の隣県あたりから普及しだしたこの「裏ワザ」を、みんなが真似し始めたのです。結局はコスト競争が厳しくなるだけで、差別化はできなくなると思われます。今後は奥の手でもなんでもなく、見方によっては、大家さんが「コスト競争の時代」の幕を自ら開けたといえます。

実は札幌では今から15年前に、すでに大家さんが菓子折りを持って斡旋業者さんに「どうにか埋めてください」と営業するのが当たり前だったのです。

地方ではすでに需給バランスの崩れが表面化していたわけです。

花壇、郵便受け……日々のちょっとした努力

謝礼上乗せ作戦は、いいアイデアのようで（実際に短期的には有効ですが）、サービスの提供先が違っているようにも感じます。

繰り返しになりますが、「大家業」を営むこれからの個人投資家がサービスを提供すべき顧客とは、「入居者」に他なりません。

その気になれば、大家さんが入居者に向けてできるサービスは無限にあります。

家具をつける。ウォシュレットにする。新たにアパートを建てるなら、できるだけ間口が広く、天井の高い仕様にする、エントランス部分を豪華にする……事実、建物自体や内装の競争も始まっています。

リフォームなどの大掛かりなサービスでなくてもいいのです。シンボルツリーに凝ってみたり、共用スペースや建物の出入り口近くでプランター植栽をしてみる、郵便受けや廊下をこまめに掃除するなど……。日々のちょっとした努力で、入居者にとっての安心や快適を演出することは可能なのです。

本業が忙しかったり、遠方の物件で管理を委託している場合でも、月に数回は、自ら出

向いてそういう努力をする。そういった細かい、地味な工夫を継続することで努力をすることで、まだまだ競争に勝つ余地はあるのです。

不動産投資には、必ず投資後の管理の問題がつきまといます。毎月の安定したキャッシュフロー（不労所得）をいただく代わりに、物件や人（入居者）への付加価値の提供が必要になってくるわけです。

決して高額なお金をかけなくても、入居者の満足を高め、良好な関係を保つことはできるのです。

今後、借家人の「回転」は遅いほうがいい

大家業の心得はよくわかったので、具体的な物件選びのイロハを教えて欲しいという声も聞こえてきそうですが、Ｐａｒｔ3以降で詳述しますので、もう少しおつき合いくださ い。

不動産投資は長期に渡る運用になりますから、今後の借家人と大家の関係がどう変わるか、それによって費用負担はどうなるか、運用開始後のおつき合い（借家人および管理業者、仲介業者）はどうすべきか……これらの点を熟知したうえで、物件選び、購入手続き、維持管理へと進んでいってほしいのです。後になって「こんな費用がかかるのか」「私には向いていなかった」などと後悔してほしくないからです。

ワンルーム優位は昔の話

建設会社やハウスメーカーが、土地を所有している方へ「ワンルームの間取りで建設を勧める」ことが多いのは、今も昔も同じです。この背景には、狭い部屋のほうがより単

価を高く取れるという事業収支上のメリットがあります。

例えば、7坪のワンルームでは、坪当たり一万円の家賃を取れても、20坪のタイプで、20万円は高すぎて取れず、坪当たり7千円程度になってしまうことが多いのです。それに加えて、ワンルームは入居者が多いため、回転がよいという利点もあります。

つまり、物件の回転をよくして、敷金礼金で儲けるのです。現在では入居時の礼金ナシ、仲介手数料も無料、さらには延長時の更新料まで無料といったサービスが出てきていますが、以前は、敷金は1~2カ月取って、クリーニング・原状回復費として敷金の全額を返さない例も多かったのです。

回転のいいワンルームで、家賃を下げずとも次々と満室になり、クリーニングや修繕の費用+αを毎回、借家人に請求できましたので、大家さんにとってワンルーム経営は何かと好都合なビジネスだったのです。

ですが、事情が180度変わりました。今は長くいてもらうのが一番なのです。

都条例と国交省のガイドライン

実は、「借地借家法」などでは従来から借り手の権利を重視し、借り手の不利益を防止することをうたっていたのですが、極端な借り手市場という需給の関係や長年の慣習、さらには借り手側の無知を利用して、本来は大家が負担すべき費用（クリーニングや修繕など）を、借り手側が負担していただけなのです。

賃貸物件に住んだことがある方なら、退去時に「原状回復」費用という名目で、敷金の何割か、ときには全額を相殺された経験があるかもしれません（さらには、追加の費用まで請求されることも多々ありました）。

現在では、このようなことはできなくなっています。**「原状回復」は原則、大家側の負担という判例が出て、ニュースなどでも多く報道され、借り手・貸し手双方に大家負担という意識が浸透してきた**からです。

使用禁止の約束だった石油ストーブでボヤを出し、床や備品をダメにした、また何か不注意で壁に穴を開けてしまったといった、明らかな借り手側の過失に対しては、もちろん借家人に対価を請求できます。

しかし、普通に生活しているなかで生じる壁紙の汚れや壁の画びょうの跡、油煙やタバコの煙による黒ずみ程度は、大家さんが自らの責任と負担で修繕するものと決まっているのです。左ページに国土交通省のガイドラインの要旨をまとめたので参考にしてください。

☑ 国土交通省の「原状回復をめぐるトラブルとガイドライン」（抜粋）

（参考）賃貸住宅の価値（建物価値）

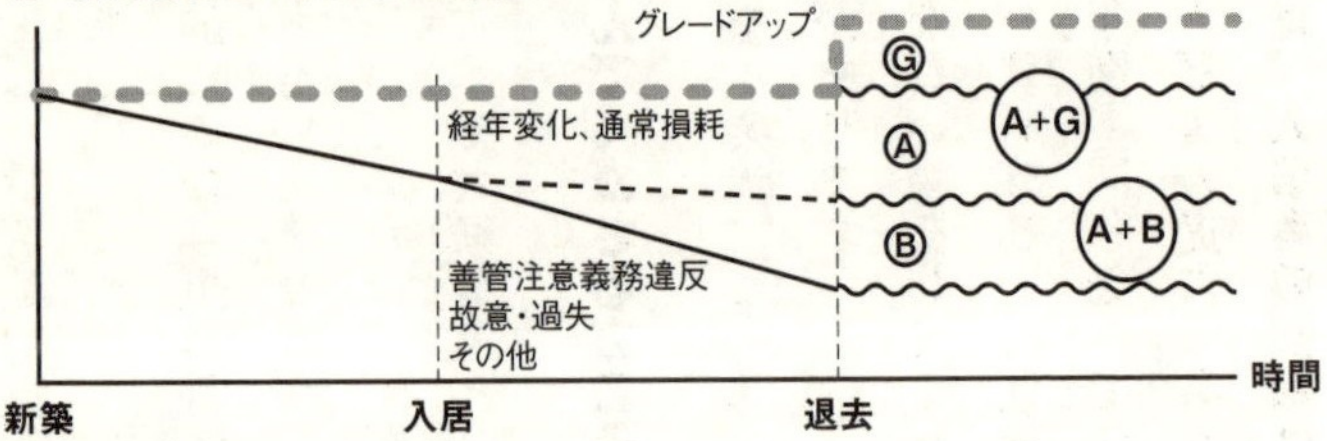

ガイドラインのポイント

①原状回復とは

原状回復を「賃借人の居住、使用により発生した建物価値の減少のうち、賃借人の故意・過失、善管注意義務違反、その他通常の使用を超えるような使用による損耗・毀損を復旧すること」と定義し、その費用は賃借人負担としている。そして、いわゆる経年変化、通常の使用による損耗等の修繕費用は、賃料に含まれるものとしている。

⇒ 原状回復は、賃借人が借りた当時の状態に戻すことではないことを明確化

②「通常の使用」とは

「通常の使用」の一般的定義は困難であるため、具体的な事例を次のように区分して、賃貸人と賃借人の負担の考え方を明確にしている。

（参考図参照）

A：賃借人が通常の住まい方、使い方をしていても、発生すると考えられるもの

B：賃借人の住まい方、使い方次第で発生したり、しなかったりすると考えられるもの（明らかに通常の使用等による結果とは言えないもの）

A（＋B）：基本的にはAであるが、その後の手入れ等賃借人の管理が悪く、損耗等が発生または拡大したと考えられるもの

A（＋G）：基本的にはAであるが、建物価値を増大させる要素が含まれているもの

⇒ このうち、B及びA(＋B)については賃借人に原状回復義務があるとしている。

☑ 都条例に基づく「賃貸住宅トラブル防止ガイドライン」（抜粋）

貸主の費用負担

賃貸住宅の契約においては、経年変化および通常の使用による損耗・キズ（例えば壁に貼ったポスターや絵画の跡、家具の設置によるカーペットのへこみ、日照等による畳やクロスの変色）等の修繕費は、家賃に含まれているとされており、貸主が費用を負担するのが原則。

借主の費用負担

借主に義務として課されている「原状回復」とは、退去の際に、借主の故意・過失や通常の使用方法に反する使用など、借主の責任によって生じた住宅の損耗やキズ等を復旧すること。その復旧費用は、借主が負担するのが原則。

最近では、賃貸契約更新時の更新料も違法とするといった裁判所の見解も出てくるようになりました。

最終的にこの「更新料」の問題がどうなっていくかは、最高裁の判決などが出てみないとなんともいえませんが、少なくとも大家業として今後、あてにできるのは「毎月の家賃」だけと思っていたほうが賢明でしょう。入退室時に欠かせない室内クリーニングなどの費用も、すべて大家負担という計算が必要になってくると思います。

長く住んでくださる方こそVIP顧客

大家を「業」、つまりビジネスとして考えれば、すべてに備えて、事業収支を入れておく必要があります。

高額な買い物をしてくれたり、長く買い続けてくれるお客さまが優良顧客なわけです。

2年間、賃料支払いの遅延やトラブルもなく住み続けてくれたお客さま（借家人）が、さらに2年間、同じ条件で住んでくださるのならば、新聞購読の更新時のように何か借家人へのサービスの提供があってもよいのではないかと思います。

今後は、入居者の回転は遅いほうがいいのです。つまり、長く住んでくれる借家人を大

切にしなければなりません。

「学生は短ければ1年、最大でも4年で出て行ってくれるから回転率が上がってありがたい存在」。

こんな考え方は、前時代的です。

大家業を志す人は、まず住人が長く住んでくれそうな物件を選ぶこと、そして運用開始後は、いかに長く住んでいただくかを考えて、住人に向けたサービスや付加価値を提供していくべき時代です。

借り手の立場で考えよう。どんなところなら住み続けたいか？

お客さま、つまり住人に対するサービスは、「気持ち」と「センス」が大切です。住人やテナントから、「ペンキを塗り替えて」などといわれて初めて気づくのは論外です。いわれなくても、率先して5年に1回は階段の手すりなどを塗り替えて、サビを防止するなど、常に美観を保つようにしましょう。

こちらから住人の御用聞きをする時代に！

おそらく近い将来、**管理会社が大家側に立って、清掃や家賃の催促だけでなく住人やテナント側に対して、「御用聞き」を始める時代になる**でしょう。もちろん、大家さんである皆さんが直接やってもかまいません。

例えば、トイレの水の流れがわるい部屋があるとします。住人の意識として、改善を要望しにくいかもしれません。特に、契約時（入居時）しか管理会社や大家さんと面識がなかったりすると、多少の「不満」は諦めてしまうこともあるでしょう。

実は、トイレなど水回りのちょっとした不満を根にもつ住人は意外に多いのです。そんなとき、半年に1回でもいいですが、定期的に御用聞きをしていれば、状況は変わるはずです。少なくとも「どこにいっていいかわからない、そもそもいいにくい」という住人の不満は解消されるのではないでしょうか。

そういったことも含めて、こまめに清掃したり修繕したりするだけではなく、借りてくれている人の御用聞きを始める時代に突入した、と考えておくべきでしょう。

快適、安心は物件のマイナスを補ってくれる

立場を変えて、自分が住人ならどうでしょう?

多少の不満（設備や家賃の額など）があって、探せばもう少しよい物件があるだろうと予想はできても、引っ越しには手間も費用もかかります。お子さんがいれば、学校の学区が変わって転校の必要が生じるかもしれません。新たな物件に入居する際には、仲介業者さんへの手数料も発生します。

つまり、**多少の不満や時間の経過による劣化といった物件のマイナスポイントを、大家さんのサービスセンスで埋めてあげることができれば、入居者はその「満足」で、物件の**

不満を相殺できるというわけです。

先にもいいましたが、共用スペースに植栽し環境をよくするというのもそうですし、クレームがあったら担当者が飛んで行ってくれる、24時間体制の管理会社を選ぶのもよいでしょう。

「何が問題なのでしょうか？」

最近、借りていた家やビルを出て行こうとすると、大家さんサイドから「何が問題だったのでしょうか？」と聞かれたというケースを聞きます。

ある方は、「家賃が払いきれないので、他のところへ移ろうと思っています」と正直に答えたところ、大家さんのほうから、「では、いくらなら支払えるのか？」と聞いてきたというのです。

結局は家賃を下げてもらって、転出することはやめたそうです。

この大家さんの行為は弱気すぎるものでしょうか？ 私はそうではないように思います。それどころか、かなり賢明な（家賃の正確な相場観をもった）大家さんではないかと思うのです。

2年間の更新時になぜお礼をしないのか？

株式投資の世界でも、以前より個人投資家を大切にする姿勢を示す企業が増えてきました。業績堅調で毎年きちんと配当も行っている企業が、「株主優待」として、自社商品を株主に送るケースは珍しくありません。

自社商品が企業向けで一般には使いづらいような場合、お米や商品券を送ってくれる企業もあります。私ももらったことがありますが、株価的には大きな損が出ていても一瞬うれしく思うものです。

お米を贈る大家さんになろう

よく考えたら金額的にいくらかという経済効果より、お米をくれたという気持ちがうれしいではないですか。これから「大家業」を志す人も、見習うべきサービス精神だと思います。こんなサービスなら、**「専業大家」さんでなくても、都会にいながら手配ができます。**

例えば、2年間住み続けて新たに更新してくれた「お客さま」に、お礼と感謝の手紙も添えて、お米を10キロ、あるいはビール券を5枚か10枚程度差し上げるのです。住人に出て行かれて苦労するよりも、多少の〝感謝の品〟で関係をつなぎとめ、優良な住人に長く入ってもらうのです。

感謝の品は、あなたのセンスで決めればいいでしょう。お米やビール券のほかにも、実家が農家だったら、産直の野菜を送ってもいいですし、親戚や知り合いに水産関係者がいれば、海産物の干物を手配してもいいでしょう。**商品券や金券よりも、大家さんの真心や気持ちが伝わるかもしれません。**

家賃や更新料の引き下げも一考

このような戦術は、単に長く住んでもらう（空室リスクを抑える）だけでなく、入居者とのコミュニケーションを高める効果もあります。普段からおつき合いがあれば、建物や騒音などのトラブルがあったとしても、お互いの感情が変にこじれたりすることも少なく、円満に着地点を見出せるというものです。

一番大事なのは、まず日々の努力（管理会社に任せる場合でも同じ）、次いで気持ちを「形」に変えた具体的な「行為」です。それでも退去する人が出そう、増えそうというのなら、「話し合いでもって、家賃の引き下げを考えましょう」というのも一法です。ただし、闇雲に何でもかんでも値下げしてしまっては、大家さんとしての収益にも差し障ります。日々の努力とサービスの提供を続けておき、最後に、周辺相場に準じて家賃を下げるという発想をもっておけばいいのではないでしょうか。

先にも述べましたが、更新料については、最終的にどういった扱いになるかまだわかりません。今後もし取れなくなるようであれば、先手を打って「2年間、お住みいただいたので（当初の契約にはあった）次回の更新料は結構です」と提案してみるのもよいかもしれません。

周辺の成約ベースでの家賃相場と空室率だけは、日頃から丹念に調査して把握しておきましょう。いざ家賃を下げるという交渉をするとき、自分の物件のあるエリアの最新のかつ本当の家賃相場が参考になるからです。

成功しているときにこそ考えよう。

皆さんのなかには、「家賃収入だけで暮らす」ことを目標にしている方もいるかと思います。不動産投資の成功談を記した本も多く出て、実際に家賃だけで暮らせるようになった元サラリーマン大家さんも事実いらっしゃいます。

ただし、Ｐａｒｔ１でも述べましたが、「本当にこれでいいのか、いつまでもうまくいくのか」と疑ってかかることも必要です。

辛口にいえば、「何か不動産というものに投資すれば家賃だけでラクラク暮らせる」という考え方そのものが、もう危ないものを秘めているかもしれません。

近年、不動産投資ブームといわれています。個人投資家が増えている現状は事実ですが、全員が不動産投資で成功を勝ち得ているわけではないのです。

成功した後で、逆ザヤが発生する場合も

成功は人生のサイクルでいえばピークであって、いつまでもそんな状況が続くほど世の

中は甘くないのではないでしょうか。そしてそのピークは意外なほど短いかもしれません。ある意味家賃だけで暮らせるようになったということは、投資サイクルの頂点を迎えたともいえます。既に述べたように遅行性のある不動産投資は、株価のように価値が毎日上下しない分、将来の見通しがすぐにはわからないという側面があります。

私の感覚では、今うまく回っているように見える投資家さんでも、今後は毎月のキャッシュフロー収入（家賃）より金融機関への返済金のほうが上回るという逆ザヤが発生し、返済金を自分の給与で補填しなくてはいけない人が出てくるような気がしています。

最近不安に感じることは、成功しているといわれている（またはいっている）大家さんの数が多いことです。この多さに私は不安を感じています。注意が必要な時期にかかっているのかもしれません。今はうまくいっているとしても、それはここ2～3年だけのことだったらどうしますか？

儲かっているうちに繰り上げ返済をしたほうが賢明だと思います。

もしくは、いったん投資した物件や保有している物件が、将来も本当に安定した収益を生み続けるのか、再度検討してみるのもいいでしょう。

投資の常識からすると、あまりにも成功者が多いときこそ、（一時的な）成功の先にあるものは何かを、自問してみてほしいのです。

「儲かることだけが最終目標」は幸せ？

皆さんは、なぜ大家さんになりたいのでしょうか。

90年代後半のＩＴバブル期などに財を成した米国の経営者や投資家の多くは、巨万の昔を得ていったんアーリーリタイアメントしました。ですが、結局、投資の世界に戻ってきたそうです。

暇な時間ができたら、24時間音楽をやりたい、絵を描きたいといった強いモチベーションがある人は別でしょうが、食べるに困らない資産を得ても、やることがないとやっぱりつまらないのではないでしょうか。

私も多くの個人投資家さんと接してきました。いろんな成功や失敗を見て思うのは、「大家さんで儲けることだけが最終目標」という方は、あまり幸せな感じがしないということです。そういう方は家賃の滞納ばかりを気にします。実際、お金持ちにはなりますが、金遣いが荒くなって失敗したり、守りに入って、管理費すらケチって清掃を家族に無理やりさせていたり……。

もちろん、自由に使えるお金が増えることはすばらしいことですし、そのことを否定するつもりはありません。ただ、それだけで本当にハッピーかということです。結局、お金はそれ自体が目標ではなく、自分が本当にやりたいことを実現するための手段でしかないのですから。

「家賃だけで暮らせる」ようになっても、以前と同様にサラリーマンとして働き続ける、あるいはかねてから憧れていたライフスタイルを実現させるという方法もあります。不労所得がたくさん入ってきたからといって、今の働き方や暮らし方を無理に変える必要はないかもしれません。

不動産投資と本業、人生の好循環！

偉大な投資家として成功したウォーレン・バフェット氏は、自分の子どもたちに必要以上の財産を与えていません。自分が亡くなった場合、全資産の約95%を財団に寄付する予定だともいいますし、20代で建てた家にいまだに住んでいるそうです。好きな食べ物はハンバーガーとコーラです。

バフェット氏の成功は大きすぎてイメージしにくいかもしれませんが、皆さんも成功した「後」のことを早いうちから考えておいたほうがよいと思います。投資ゲームはあまりにもエキサイティングなので、それがうまくいっても儲けることばかりで人生が終わってしまうかもしれません。

不動産投資で成功するには、物件や人とのいい「縁」が必要です。とにかく経済的な自由を手に入れて早く会社を辞めたいというだけの人には、なかなかいい縁が巡ってこない気がします。投資は「運用」ともいいます。「運」を「用」いるわけです。運を味方につけるには、自分のためだけに動くだけでは十分ではないのかもしれません。

私の顧客の中に、将来は不動産投資で得たお金で、児童養護施設を立ててそこを運営していきたいという若者がいました。私はその志の高さに感銘しましたが、その方は投資も本業もうまく回転し、将来の夢に近づいています。

不動産投資で成功して幸せに見える人の多くは、本業もうまくいっている人が多いです。豊かになっても奢《おご》らず、周囲に感謝する気持ちが根底にあります。そういう人には、なおさらいい投資話や仕事の話が舞い込むようです。投資と仕事が両輪で噛み合って好循環しているのです。

不動産投資を通じて、投資も本業の仕事も、ひいては人生もうまく回転していくような、そんな生き方を今からイメージしておくのも悪いことではないでしょう。

ここまで不動産投資のリスクや特徴、大原則、またこれからの時代の大家業の心得についてまとめてきました。次章以降では、これらを踏まえた物件選びや契約前後の注意、購入後の維持管理などについて詳述していきます。

COLUMN

フリーレント18カ月とはこれいかに⁉

親しいPM会社（プロパティーマネージメント会社≒管理会社）の担当者からお聞きした話です。最近、ビルの空室を埋めるのに「フリーレント18カ月」というビルの事例があるそうです。

「長谷川さん、契約期間3年で18カ月、フリーレントですよ！　これって、結局家賃3年間半額ということですよね」

「もちろん3年は、解約できない違約条項が入っているのですが」

フリーレントといってもここまでくると凄いというか恐ろしいものがあります。

これ、地方の例ではなく、東京での話なのです。

「これって、3年経ったら、違約条項もなくなるのだから、解約3か月前の通告で借主の勝手で解約できるのでしょう？」

「もちろん、そうだと思います」

「そうなると、あまり造作をいじらないで机だけ並べて、ローパーテーションだけ置いて業務ができるコールセンターのような会社だったら、3年と3カ月で出て行く可能性は十分あるよね。またそのとき、同じようなフリーレントのオフィスを見つければよいのだからね」

「いったい今後どうなってしまうのでしょうかね⁉」

　このPM会社によると、

「オフィスの賃貸マーケットの底は打ったようだ」

「ぼちぼち問い合わせも増え、少しずつ埋まってきている」

ということでしたが、その裏に上記のような「あまりにも」といえるようなフリーレントの条件で、無理やり埋めている物件もあるのも事実です。

　投資家サイドから見れば、フリーレントで無理やり空室を埋めている物件には、注意が必要だといえます。フリーレントの正体とは、**実質「家賃の値下げ」なのです。**

「見かけ上の（契約書上の）賃料を意地でも値下げしたくない」ための苦肉の手法なのです。なぜこれだけ、見かけ上の賃料にこだわるかといえば、この賃料が正に物件の評価価格≒売却価格に直結してしまうからです。

　例えば、坪単価2万円で貸していたビルの年間賃料が総額2000万円としま

す。このビルのあるエリアでは表面利回り仮に6％程度が通常であるとすれば、

このビルの評価は、2000万円÷0・06＝3億3333万円となります。

しかし、仮に賃料が10％下がり、単価1万8000円となってしまった場合、年間の賃料も1800万円となります。

ビルの評価は、1800万円÷0・06＝3億円となります。

成約賃料が平均で10％下がれば、利回り逆算で、物件の（収益還元）価格も10％下がることになります。賃料が20％下がると物件価格も20％下がるのです。

仮に、10億円のビルの価格が、8億円になってしまいます。

そうすると、上記の「フリーレント18カ月」のビルの「本当の賃料」から逆算した「本当の物件価値」は、表示賃料から逆算した価格の50％ダウンということになってしまうのでしょうか？

よって、表面的な賃料だけではなく、どういった条件で募集した（または募集している）物件であるのかも投資家サイドはよくよく見極める必要があるのです。

The Guide to Decision-Making and Investiment

part 3

ネットだけで
情報収集していませんか?

「大家業」を志す人の物件の選び方・買い方

レバレッジはどこまでかけるか？

不動産投資のセミナーでよく参加者に聞かれることがあります。

それはレバレッジ、つまり借入れ金額を自己資金の何倍までに設定すべきか、というご質問です。

精神的に安定して投資活動をしたいなら、2～3倍

借り入れができることは、数ある投資商品の中で、不動産投資を選んだゆえの非常に大きなメリットの一つです。

景気にも左右されますが、不動産を担保に入れることにより、銀行などの金融機関から、融資をしていただけることがあります。それは家賃収入という支払い原資が、ある程度安定しているという考えがあるからです。

逆にいうと、家賃がどこまでも下がる、また空室がなかなか埋まらないという状況があるときは、こういったメリットは一転してデメリットになってしまいます。

借り入れが多い、つまりレバレッジをかければかけるほど、毎月の家賃収入に対して金融機関への返済金は多くなります。また今後、金利が上昇した際も、その負担は大きくなっていきます。結論からいえば、本業の収入に影響が及ぶのはイヤだ、枕を高くしてぐっすりと眠りたいということであれば、レバレッジの目安は2～3倍程度をおすすめします。

家賃をどこまで下げたら次の入居者が見つかるか？　今後も不動産投資を続けるべきか？　いや、いっそ損が出ていない間に物件を売りに出すべきか……？　こんな心配が続くようになると、いくら気持ちの強い人でも、本業に何がしかの支障をきたしてしまうでしょう。

何よりも、実際に毎月の金融機関への返済のために、本業での収入の一部を充てることになっては、何のための投資であったのかということになります。

労働市場での自分の価値は？

地方物件への投資は別にして、東京など都心部への投資をお考えなら、「投資総額の30％は現金を出してください」というのが、ここ最近の金融機関の基本スタンスです。例えば、総予算1億円でアパート1棟の購入を考えるなら、頭金として3000万円はキャッシュで用意する必要があるということです。

ただ、これはあくまでも基本原則です。人によっては、1億円の4～5割を求められるケースもあれば、逆に頭金ゼロで貸してくれる場合もあります。端的にいえば、本業での年収が高いほど、銀行は貸してくれます。

こういったことをふまえると、不動産投資をしていくうえで、本業のキャリアや信用に磨きをかけ、年収を上げていくことが大事です。例えば、年収300万円、400万円より1000万円の収入のある方を当然ながら、銀行は評価します。

金融機関はある意味非常にシビアです。年収の高い方には多くの融資を行うのは、「不動産等を担保にとってもあまり意味がない」ということを前回のバブル崩壊で学んだのだと思います。「担保物権を競売等で売却しても、資金の回収は思うようにいかない」と感じているのでしょう。それよりも、「家賃が低下して、空室率が上昇し、家賃から日々の返済ができないのであれば、あなたの給与から支払ってくださいね」と。

よって、「お金を貸すにあたっては、担保物件も大事ですが、あなたの本業での収入のほうがもっと大事ですよ」ということだと思います。

レバレッジの功罪

話をレバレッジに戻します。フルローン（頭金ゼロ、全額借り入れ）で投資用物件を買うと仮定して、利回りとリスクを試算してみましょう。

例えば、1億円のフルローンで地方にマンションかアパートを1棟買ったとします。表面利回りは14％と仮定すると、年間1400万円の家賃収入ですね。

1億円をフルローン、20年で返済するにあたっての金利を4％と仮定します。金利を併せた金融機関への毎月の返済は約61万円になります。これを月あたりの家賃収入＝キャッシュフロー約117万円（1400÷12カ月）から差し引くと、毎月56万円が手元に残っていくことになります。

気をよくして同様の物件を三つ所有したらどうでしょう。3棟で資産は3億円。毎月、約170万円が手取りとして残っていくという夢のような話です。これがレバレッジの効果です。

ただし、その効果は本当にこの状況が続くのであれば、という厳しい条件つきです。表面利回りが10％を超える物件は地方に多いですが、現実はなかなか想定通りにはいかない

フルローンのシミュレーション

前提条件：①1億円の物件への投資　②全額ローン借り入れ

想定のキャッシュフロー

収入		
利回り	家賃収入	
14%	1,400万円/年	117万円/月

→ **将来考えうるキャッシュフロー**

収入		
利回り	家賃収入	
8.96%	896万円/年	75万円/月

20%の空室率で、家賃が20%ダウンしたら……

返済		
年数	金利	返済額
20年	4%	61万円/月

→

返済		
年数	金利	返済額
20年	6%	71万円/月

金利が2%上昇したら……

利益／月
117万円−61万円＝56万円

→

利益／月
75万円−71万円＝4万円

ものです。地方では例えば仙台、福岡、札幌あたりの政令指定都市でも、空室率20パーセントは今や当たり前です。

先の例で、当初は満室だった物件が、何年後かに入居率が8割に落ちたとします。この時点で、一棟あたりの年の家賃収入は約896万円。月あたりでは75万円まで下がります。

そして、4％だった変動金利が時を同じくして6％に上がったとします。金利が2％上がっただけで、毎月の返済金は71万円に跳ね上がります。

「75万円−71万円＝4万円」（一棟あたりの月のキャッシュフロー）。

これでは、年間の固定資産税や修理修繕費を賄うことができず、実質的赤字経営となってしまいます。その他にもリフォーム代や修繕費用も想定しておかなければなりません。家賃収入が下がり、金利が上昇したとき、またたく間に事業収支が逆転してしまうような事態にも陥ることがある、それが高いレバレッジをかけたときの怖いところでもあります。

レバレッジとリスクをシミュレーションで比較

レバレッジは、きかせばきかすほどリターンもリスクも同時に上がります。

何もフルローンがすべていけないのではなくて、リスクの少ない、失敗しにくい物件を最初から探そう、ということが一番肝心です。

本来ミドルリスク・ミドルリターンと言われている不動産投資ですが、高いレバレッジをかければ、おのずとハイリスク・ハイリターンになるのです。よって、日々ぐっすり眠りたいのであれば、なるべく借り入れは避けるか少なくする、というのが私の基本的な考え方です。私個人がそういった考えがあるから、弊社へ投資の相談に来られる方は、レバレッジをそれほどにはきかせない人が多いです。

パソコンなどを用いて、右ページのようなシミュレーションシートをつくり、自分で計算してみるのもいいでしょう。空室率がどの程度まで上がり、家賃が下がっても日々の返済が大丈夫か、最低の損益分岐ラインのシミュレーションです。

驚くほどの年収がある人は気にしなくてよいのかもしれませんが、十分に年収があって、かつシミュレーションもしっかりしておけば、物件選びの迷いも減るに違いありません。

物件選びの第1段階　不動産業者とのつきあい

ここからは物件の選び方、買い方について基本的なプロセスや注意事項についてまとめていきます。まず、いい物件に巡り合うためには、いい不動産業者さんと人（担当者など）に出会い、信頼関係をつくることが重要です。

ネットだけで情報収集できるのでしょうか？

現在は、ビジネスでも暮らしでも、何かを購入するときにネットだけでいろんなことが完結できる時代です。例えば、洋服はもちろんのこと、クルマや宝石といった、従来は手に取ったり実際に見たりしてから買うのが当たり前だった商品でさえ、ネットのショップやオークションで手軽に買えるようになっています。

そんなことから、不動産投資の物件選びにあたっても、ネットで十分よい買い物（＝不動産投資）ができるのではと考えている方もいらっしゃると思います。20代、30代の若い世代に特にその傾向が強いようにも感じます。

例えば、不動産業者さんとのやり取りも、

「紹介いただいた物件を見に行きましたが、やっぱり日当たりが悪くてダメでした」

「私の希望していた条件に近いのですが、希望金額より2割ほど高いです。他の物件はありませんか？」

とすべてをメールで返しても何ら問題はない、と考える人もいます。

もちろん、話だけしてその後、音沙汰ナシというよりは、たとえメールでも送っておくことはいいことですが、常にメールだけで業者さんとの信頼関係が深まり、ひいてはいい物件が巡ってくるかどうかは疑問です。

メールだけのやり取りでは、交流している人の数は増えていっても、親密な関係を築ける相手先が増えていかないかもしれません。不動産業者さんのところにも、多くの投資家からの問い合わせが来ていることを忘れないでください。

100回のメールより1回のデート

業者さんからしても、そういう人は、「ネットで問い合わせてくるだけのお客さん」です。

メールや電話のやりとりだけの人、つまり「顔が見えない」人には、これぞという物件

は送ってきてくれないことがあります。

実際、会ったこともない業者さんに電話して、

「これだけお金があって、この辺でこういう物件への投資を考えています。ついてはメールアドレスをお伝えするので、候補物件があれば送ってください」

という投資家さんは多いです。業者さんサイドとしてはどうでしょう?

〝それなり〟の物件は送ります。しかし、それらは、皆さんだけに送られるのではなく、不特定多数の人に送られる情報です。ですが、誰もが欲しがるような極秘の物件情報は、どこの誰だかわからない人には、業者さんとしても送れないものです。

顔を合わせたことがない、名刺交換もしていない、人となりがわからない……そういう人に、例えば金融機関の損切り物件などの、ナーバスな情報はなかなか出せないものです。

メールのやり取りだけを延々繰り返すよりも、実際に会って会話することが大切です。

これは、男女の恋愛と同じで、**話すより実際に会ってみる、それも一度より二度と回数が増えるほど親密度も高まっていく**というものです。

こんなことを改めていうのも、皆さんが思う以上に、最近は、不動産投資家は多く競合しているからです。特に人気のエリアのお手ごろな価格帯は、正に激戦区です。

業者さんは、結局「好きな」人に情報を出す

人気エリアなどでは投資家同士で争う状況があり、いい不動産業者さんの元には、プロ以外にも個人投資家が5人も10人も訪れることになります。

それらの候補者の中から、業者さんが誰に情報を出すかというと、単純な話で「好きな人」です。決してお金のある人ではありません。身元のハッキリしている人、よく訪ねてくれて覚えている人、話していて気が合いそうな人です。

それは言い換えれば、「この人は本気で、人柄も誠実だ。信用もあるし、契約時も購入後も無用なトラブルは避けられそうだ」と思える人です。だから皆さんは、業者さんに自然と好かれる若干の努力をするのも一考だと思います。

投資家サイドからみても、お互いにメール交換だけした、名刺交換はしたが相手の顔を忘れちゃった……そんな業者さんを何十人、100人と持つより、**有力な情報を集めてくれそうな馬が合う人が1~3人ほどいれば、そのほうがよほど有効**なのです。

そういう人を3人、5人とつくれる人は個人投資家として十分成功する資質がある方です。なお親密になった業者さんから「本音」を引き出す交渉や問いかけの仕方については、

Part4、5で詳しく述べます。

道すがら気づいたら、電話、訪問

Part1で、不動産業界は「アナログで古い業界」だと述べましたが、それは業者さん選びやつき合い方にも当てはまります。投資をしようと思っているエリアに下見に行ったら、そのときに、駅前の不動産業者さんなどを躊躇《ちゅうちょ》せずに訪れてみるべきです。相手と馬が合わないと思ったならば、他の不動産業者さんのところへ行けばよいのです。

「この辺にこういう物件ありませんかね？」

そのような問いに誠実に対応してくれて、この人とは相性がいいなあと思える業者さんを増やしていくのです。私の経験では、**質問しやすい方、また即答はできなくても地道に調べてくれる方、物件のデメリットもしっかり伝えてくれる方、こういった方が個人投資家にとってよい業者さんの条件**ではないかと思っています。

実際、投資家のなかでも本気の人は、当然のようにこのくらいはやっています。そういう投資家に情報量や業者さんとの親密度で勝つためには、別の努力が必要です。

それは、意識しての下見のときはもちろん、仕事や生活のなかで偶然に目に入ってくる物件などを、「道すがら」見に行き、かつ業者さんに聞いてみることです。

道を歩いていると、「空室アリ」や「入居者募集」、また「売り地」といった看板が目につきます。そこには管理業者さんの名前や連絡先が書かれていることが一般的です。今ならわざわざメモしなくても、携帯電話で写真に撮っておいたり、その場からすぐに電話もできます。

「空室アリ」は賃貸のまま単に入居者を探しているのかもしれませんし、もしかしたら状況によっては売りに出してもいいという物件かもしれません。いきなり「この物件売ってませんか？」は強引過ぎるかもしれませんが、電話をすることで物件そのものや周辺の事情などについて情報が得られることもあります。私もそうして情報収集することがあります。

また、気になった物件に行くまでの道すがらの不動産業者さんを、**住むための部屋を探しているふりをして訪ねてみる**といったこともできます。そういうなかで、エリアの相場観や人気度をつかみ、また将来のよき物件情報の提供者を見つけていくのです。

地方に投資したい場合の業者さん選び

都心部などに比べ、地方は投資しようという人が少ない分、掘り出し物といえる面白い物件があるのは事実です。満室想定で利回りが高い物件が結構、放置されていたりします。将来の空室リスクや出口戦略を描きにくいといった既に述べたリスクもありますが、厳しい価格交渉もしやすく、交渉のしがいもあるというものです。ですが、現在の居住地とは異なる地方への投資をお考えの場合、そう頻繁に現地に出向けないことが一般的です。そのような場合、業者さんや情報をどう選んでいけばいいのでしょう。

一番いいのは、皆さんの**知り合いの業者さんやコンサルタント、あるいは銀行とつき合いがあるという方ならその担当者、それらの優良な情報提供者から、地場の業者さんを紹介してもらう**ことです。

ビジネスでも就職活動でも、信頼できる人の紹介があればお互いの印象がまったく違うものです。かくいう私も、顧客から地方への投資を相談されて自分に土地勘や相場観がない場合、信頼できる同業者や知人を紹介することがよくあります。

紹介してくれた方の顔をきちんと立てて、一度は先方の業者さんを訪れ、希望条件などをしっかりと伝えておきます。あとのやりとりは電話やメールを利用しながら、物件を内見するなど大事なときは自分で足を運べばいいでしょう。

ネット検索や競売、公売も有効

また地方では、「人」経由の情報だけでなく、インターネットでの検索も有効です。どうしても距離があるため、業者さんと顔をつき合わせて話せない分、ネットを活用することが多くなります。最近は、中小の業者さんでも自社のホームページを開設していることが多いです。よく見ていくと、興味を引く物件にネットで巡り合うこともあります。

また、競売や公売物件の情報をネットなどで得て、入札に参加するのも一つの手です。地方では、ライバルが少ない分、安値でいい物件を購入できるチャンスがあります。ただし、競売物件では「不法占有者」が居座っていることがありますし、また競売、公売とも最初に最低入札価格の所定の保証金を用意する必要があります（入札できなければ返却される）。また、落札できてもすぐに運用はできないかもしれない点、競売では不法所有者の退去など、ハードな交渉を必要とすることがある点、資金力が十分でなくてはならない点、これらをクリアできるのなら、地方での競売、公売も妙味があるかもしれません。

物件選びの第2段階　物件を見に行く

いよいよ、投資用不動産の調査に出発です。

部屋の内部を内見するときなどは別にして、最初は自分ひとりで見に行くのがよいでしょう。業者さんに同行してもらったり、クルマに乗せてもらったりすると、自分のペースで調査ができませんし、相手への義理のような気持ちが働いてしまうからです。

実際に投資を検討する価値がある物件は100のうち3件あればいいほうですから、まずは勉強のつもりでたくさんの物件を見ることです。最低でも10～20件を見歩くうちに、次第に物件のよしあしや価格の相場などが身についてきます。

調査時に、自ら持参したいものはこれ

まず、次ページのような自分で**物件の長所短所を比較できる比較調査表のようなものをつくることをお勧めします。**見た物件を印象だけに留めず、リスト化することで記憶や再調査が必要な問題点も整理され、物件を検討する際の優先順位などもつけやすくなります。

☑ 物件評価を比較する表を作ろう！

物件名	立地（環境）	駅からの距離	日当たり眺望	間取り	築年数	外観、デザイン	表面利回り
A	2	5 徒歩3分	2 悪い	4	5 築5年	4	6%
B	5	3 徒歩13分	5	2	4 築8年	5 オシャレな外観	8%
C	4	2 徒歩15分	5	4	3 築13年	3	7%
D	5	1 バス停	5	5	2 築18年	2 古い	10%
E							
F							

※これは見本です。5段階評価になっています。

最初の段階では、不動産業者からもらうのは販売用のチラシ程度のものが一般的です。紙一枚程度のチラシには、物件の住所や概要（築年数、間取りや価格、周辺の略地図など）が書かれています。その細かい一つひとつを、現地で照らし合わせてチェックしていきます。例えば、「築20年の割りには外観がキレイだな」とか、「駅から徒歩8分とあるが、実際は10分以上あるかな」といったようにです。また、現地を調査するうえでは、2種類の地図があると便利です。

「住宅地図」と「1万分の1の地図」です。

業者さんがよく使う住宅地図は、ゼンリンという会社が発行しているもので、縮尺は約1500〜1700分の1ほどです。普通は、不動産業者さんからもらえますが、もらえない場合は周辺の公共図書館でコピーすればいいでしょう。1万分の1の地図は何種類かありますが、私は東京地図出版の「ワイドミリオン」を用いています。各県版がそれぞれ3000円程度で購入できるので、対象エリアが含まれるものを1冊用意しておくと便利です。この**1万分の1の地図は、物件の周辺環境や、将来の環境の変化を調査するときにも欠かせないものです。**

チラシには駅から徒歩8分（宅建業法では80メートルを徒歩1分とすることになっている）とあっても、地図に定規を当てて測ると（駅と物件を直線で結んで測ってはいけません。実際に通る道路を測ります）、なぜか実際には10分といったこともときどきあります。また地図で測って実際に徒歩8分であっても、朝夕の通勤通学時には、幹線道路や開かずの踏み切りを渡るための陸橋や地下道を通る必要があって、現実的には徒歩10分というケースもあります。このあたりをまず地図と定規、そして、実際に最短距離を歩いて確認します。

さらに、方位磁石もあると便利です。チラシには南向き、南西向きとあっても、実際には南東、南南西だったり、正確ではない場合もあります。後日、実際に物件の内部に入ることがあれば、そのときも部屋の窓の前で磁石をかざしてみるべきでしょう。

外から見える基礎やコンクリート、タイルを確認

物件そのものの外側も注意して見ておきましょう。

鉄筋コンクリート（RC）造りの物件はもちろん、木造のアパートでも基礎の部分があり、コンクリートが露出している部分があります。タイル張りのマンションでも、タイルが貼っていない駐車場、駐輪場の部分や外階段、入ることができれば屋上など、鉄筋コンクリートがそのまま露出しているところを見てみましょう。**表面のひび割れやクラックと呼ばれる亀裂が入っていないか、実際に自分の目で確認するのです。**

露出しているコンクリートや内部の鉄筋は、季節や朝夕の温度差によって、目に見えない収縮を起こします。それによってコンクリート表面に小さなひび割れが起こり、そこから雨水が入り込んだりすることで、鉄筋の表面にサビが出ているケースもあります。さらに、鉄筋はサビによって膨張して、コンクリートを「爆裂」させ、より大きい亀裂＝クラックが生じます。このクラックが雨漏りの原因にもなります。

本来なら、ある程度の年数が経過した時点で、亀裂した箇所から樹脂を流し込んで修繕

しておくべきところですが、実際に見に行った時点で、**クラックが目立つということは管理や修繕が行き届いていない証拠**です。そういった物件への投資する場合は、売主サイドの業者さんにいって、過去の修繕の履歴を確認しておく必要があります。

一般に分譲用のマンションは大規模修繕計画がしっかりしていますが、賃貸用の物件では、大規模な修繕が後手後手になっていたり、なかにはほとんど手がつけられていないケースが多いのも事実です。借家人の入退室時のリフォームはもちろん、物件の大規模修繕はオーナー側の負担で行わなければなりません。外壁、屋上、そして各戸のバルコニーの防水加工……。これらは一般に10~15年に1回は大掛かりな修繕が必要です。

ですから、築3年くらいまでの物件なら、当面の大掛かりな修繕費用は見積もる必要はありませんが、築年数が15年を過ぎているような物件なら、注意が必要です。

他にも鉄部のサビ止め、塗装のし直しなどは、数年に一度の割合で定期的に行う必要があります。そういった修繕費用が投資した直後にかかるようであれば、その費用を見積もってから値下げ交渉をする必要性が出てきます。

エレベーターの2012年問題とは?

築年数が古い物件を選ぶ場合、見落としがちな点としては、エレベーターの設置年数があります。現在、**主要なメーカーは製造停止から25年が過ぎたエレベーターについては、今後、部品の供給を中止するケースが出てきます。**つまり、今後はそれらのエレベーターを修理して使い続けることができなくなり、いずれはオーナー負担でエレベーターそのものの交換が必要になるわけです。物件の階数やエレベーターの種類にもよりますが、交換費用として1基あたり1000万〜3000万円の費用を将来にわたって見積もっておく必要があるのです。

区分所有でエレベーター付きマンションの1室を購入するというケースでも、毎月の修繕積立金以外に、別途エレベーターの交換名目で一時金の負担が発生するケースも増えてくると予想されます。

というのも、毎月の修繕積立金の用途としては、外壁の補修や防水工事などの範囲で積み立てているケースが多いので、**エレベーターの交換までは今後、予定する費用項目に入っていない物件も多い**からです。そういった物件の一室を所有した際、何年後かのエレベーター交換時に、一住戸当たり数十万円など、多額な一時金を支払う必要が生じるかもしれません。

こういったエレベーターの交換は、2012年頃にピークを迎えるといわれており、不動産業界では「エレベーター部品供給停止の2012年問題」といわれています。

実は、私のもとにも最近、築25年、30年を過ぎたような高級マンションの物件調査依頼が多く寄せられるようになっています。

よくよく調べてみると、同じマンション内で急に売り物件が増えているのです。その理由は、このエレベーターの問題が背景にあるようなのです。おそらく、現在のオーナーの元に、管理会社を通じて「部品のストックも供給も近々途絶える可能性があるので、○年以内のタイミングで交換が必要」といった連絡が行っているのだと思います。

古いとはいえ高級マンションだけあって耐震性に問題はなく、建物のメンテナンスや部屋の模様替えなどでまだまだ高い家賃が望める物件なのですが、高額なエレベーター交換費用を考えて、今のうちに売ってしまおうという人が増えているようなのです。

エレベーターがない物件、築数年が浅く新しいエレベーターが使われているような物件ならこの心配はいりません。ですが築25年超えのさらに古いエレベーター付き物件を検討中の方は、よくよく注意が必要です。

花壇、駐輪場、ごみ置き場……オーナーの志がわかる

部屋の内部には入れないときでも見るべき点はあります。

例えば、都心部などで十数万円の家賃をとっている賃貸物件でさえ、分譲物件なら当たり前にある駐輪場やごみ捨て場がそもそもないところがあります。

こういった物件では、ごみ出しの日は道路などにごみが散乱してしまい、分別などのモラルも下がりがちになります。また、エントランスに自転車が雑然と放置されていれば、通行の支障になるばかりか、新たに入居しようとして下見にくる借家人も住む気をなくしてしまうかもしれないのです。

もっといえば、住んでみてから自転車置き場もないことに不満を抱いた住人は、更新をせずに出ていってしまうかもしれません。少なくとも長く住みたいという動機付けにはなりません。ほんの一例ですが、**ごみ捨て場や駐輪場のあるなしは、現在のオーナーがどれだけ居住者のことを思って、アパートやマンションを建設し、賃貸経営してきたかの尺度の一つ**にもなります。

志の低いオーナーが経営してきた物件は、いくら価格面で魅力的でも、新たに共用スペースを新設・整備することは物理的に困難な場合がほとんどです。本来、あるべきものがない物件は、将来の家賃の下落や、空室リスクが高まると思っておくべきです。

共用スペースの清掃状況、整理整頓のレベルも確認

植栽やエントランス、ごみ置き場、駐輪場などの共有部分は、あるなしだけではなく、日常の管理の具合もしっかり見ておきましょう。整理整頓・掃除がしっかりと行き届いていれば管理がしっかりと行われている証拠ですし、そういう物件は一般に住人のモラルも比較的高く、騒音問題などトラブルも少ないものです。

自分が住みたいと思える物件に投資すべき、と述べてきましたが、共用部分が汚れていて、植物が枯れているようなところには住みたくないですよね？

仮に満室だとしても、いろいろな意味で汚い住みにくい物件に住んでいる借家人とは、どういう人なのでしょうか？　想像してみてください。退去時のトラブルや日常のクレーム処理を考えたら、私はそういった物件に投資することを少し躊躇《ちゅうちょ》してしまいます。

また1階のエントランスに郵便受けがあれば、それとなく様子を見ておきます。住人の

名前がなかったり、**チラシやフリーペーパーなどがあふれたりしているポストがあれば、それは空室であることが多い**からです。1棟投資にしろ区分所有にせよ、空室率は物件の人気のバロメータですし、今の家賃では入居者を探すのが困難など、利回りの計算にも生かすことができます。

また最近は、簡易書留を含む郵便物や宅配物、クリーニングに出す衣類の受け渡しなどを、住人が留守中でも行える宅配ロッカーを1階の共用スペースに設置している物件もあります。利便性だけでなく、女性の一人暮らしなどの場合は安全性にも貢献します。

現オーナーの志が感じられる設備・仕様は、借家人にとっても、投資家にとっても、好感がもてます。

物件選びの第3段階　物件の周辺を見る

投資を検討しているエリアで、気になった物件やその周辺の類似物件などを自分なりに調査・下見しているうちに、いつしか「これは！」という物件が出てくることでしょう。そんなときは、より本格的な調査が必要です。

物件の周辺環境を地図や役所で調べる

まずは候補物件の周辺、隣近所などを観察してみましょう。更地がたくさんあるような場合は実は注意が必要です。日々、地主さんに「資産の有効活用」を提案している不動産、建設会社はたくさんあります。将来、競合物件が増えていくという前提で考えないといけません。

都会のいい立地ならなおさらで、**むしろ戸建てや店舗などが建て込んでいるところのほうが、近くにライバル物件ができたり日当たりが悪くなったりする心配も少なく安心**です。

東京や地方の中核都市でも、少し郊外になると畑が点在しているところもあります。一見静かで環境もよさそうですが、農地や月極駐車場も多く存在していると思います。今後、そういった土地は、「節税対策」という名の元で、アパートやマンションに変わっていくことが十分に起こりえるでしょう。これは、将来の供給過多の原因になるかもしれません。

さて、次は物件の周囲、1~2キロの環境調査です。先に紹介した1万分の1の地図などを参考に調べてみます。現地を訪れる事前の調査段階や、頻繁に足を運べない地方物件の調査などでは、まずは、ポータルサイトのグーグルが提供している無料サービス、グーグルストリートビューやグーグルアースを活用するのもいいでしょう(もっとも地方は、まだデータ化されていないエリアも多いですが)。

公園や学校といった公の施設の将来については、**区市町村役場に「都市計画課」といった名称の部署があり、そこで都市計画図などを閲覧できます。**道路の新設や、地下鉄の延伸、公共施設の建設計画……将来に渡る計画がわかりますので、将来の街の移り変わりについて、自分でもある程度予測が立てられます。

平日と休日、朝と夜の違いを自分の五感で調べる

地図やサイト情報からは、各種工場や河川、公園、パチンコ店、飲食店街といったニオ

イや騒音の元になる可能性のある施設も確認できます。1章でも述べましたが、自分の足と目と耳、鼻、五感を使って生活への影響を確認します。

その際、**休日と平日、朝と夜などタイミングを変えて複数回、確認することをおすすめ**します。仕事が休みの日曜日に物件調査に行って、「閑静でいいところ」と思っても、平日に行ってみると工場の機械の騒音、また出入りのトラックの騒音や排気ガスなどが気になることがあります。近隣に消防署があって、昼間はさほど気にならなかったサイレンが、毎夜、耐え難いほどに感じることもあるのです。

音だけではなく、近くの河川や1キロ先の工場から、風向きや季節によっては臭気が運ばれてくることもあります（もちろん感じ方に個人差はありますが）。

周囲にそういった施設がないから安心と思うのも早計です。休日は「閑静な住宅街」でも、平日は目の前の細い道が近くを走る国道への抜け道として利用されており、騒音と排気ガスがひどい、といったケースもよくあります

また、朝から昼にかけては明るく安全に見える道が、夜には街灯も少なく女性の一人歩きには危険だったり、駅への往復でどうしても通らなければいけない飲食店街が、夜は酔っ払いが多く、雰囲気がガラリと変わってしまうこともあります。

周辺環境の調査に際しては、一人暮らしの女性の視点で、安全・安心を確認しなければなりません。なぜならば、借家人の約半数は女性です。女性に好まれない物件は、支持者の半数を失うわけですので、それなりの大きなリスクを背負うことになります。

〈周辺環境に疑問をもったら、実際に住んでみる

自分が生まれ育ったエリアであれば、おのずと周辺環境や地位はわかるものです。しかし、投資しようとする物件が、自分がこれまで一度も訪れたことがないエリアや町であった場合、私は投資家の方に、実際に住んでみることも勧めてみます。**住むといっても住民票を移すわけではなく、ウィークリーマンションやビジネスホテルに1週間程度住んでみて、その町から会社へ通い、その町で買い物をしてみるのです。**

例え、1週間でもその町の空気を吸って、いろいろな方と立ち話でもすれば、よりよくその町のことが肌で感じられます。

その結果、「自分だったら、到底住みたくない」と思えば、基本的に「投資不適格物件」としてよいのではないでしょうか。

なんでも経験してみる、これが一番の勉強になりますし、そこで実際に感じたことを自

分の投資判断の基本としてよいと思います。

レントロールと建物図面

さて、さまざまな調査を並行して終え、いよいよ購入を検討する段階にきたとします。

ここからは、より本格的な調査が必要です。そのために、

●レントロール（賃借条件の一覧が載っている家賃表）

●建物図面（各階の平面図）

●検査済証

以上の3点を、不動産業者さんにいって送ってもらいます。なおレントロールは、頼まなくてもチラシなどの物件情報と同時にもらえることもあります。一方、後述する検査済《けんさずみ》証《しょう》は、そもそも、当初から検査済証が存在しなかったり、また頻繁に持ち主が入れ替わった古い物件などでは、所在がわからないといったケースもあります。

まずレントロール（122ページ参照）では、以下のような点を見ます。

ここでは総個数8戸（1フロア4戸×2階）の物件を想定してみます。

契約面積を見れば、各部屋の広さはほぼ同じであることがわかります。そのうえで、家

☑ レントロール（家賃一覧表）で、最低家賃がわかる

階数	賃借人	タイプ	現契約開始日	現契約終了日	m2	坪	現況賃料月額	現況月共益費	月額賃料合計	賃料単価	満室想定賃料合計	敷金	更新料
101		住居	2010/2/28	2012/2/27	15.40	4.56	64,000	2,000	66,000	14,188	66,000	64,000	新賃料の1ヶ月
102		住居	2008/2/15	2010/2/14	16.00	4.84	76,000	0	76,000	15,702	76,000	152,000	新賃料の1ヶ月
103		住居	2010/9/20	2012/9/19	15.24	4.61	64,000	2,000	66,000	14,316	66,000	64,000	新賃料の1ヶ月
104		住居	2009/8/28	2011/8/27	15.24	4.61	68,000	2,000	70,000	15,184	70,000	70,000	新賃料の1ヶ月
201		住居	2010/3/20	2012/3/19	15.24	4.61	68,000	2,000	70,000	15,184	70,000	70,000	新賃料の1ヶ月
202		住居	2010/4/2	2012/4/1	15.24	4.61	67,000	2,000	69,000	14,967	69,000	67,000	新賃料の1ヶ月
203		住居	2009/9/25	2011/9/24	15.24	4.61	70,000	2,000	72,000	15,618	72,000	70,000	新賃料の1ヶ月
204		住居	2010/3/25	2012/3/24	15.40	4.65	68,000	2,000	70,000	15,053	70,000	70,000	新賃料の1ヶ月
現況合計					123.00	37.1	545,000	14,000	559,000	120,212	559,000	627,000	

※この表は一例で、レントロールは不動産会社によって形式が違います。

賃を確認すると、6万4000万円～7万6000円とばらつきがあることがわかります。特に、角部屋の201と204が6万8000円なのに対して、両者に挟まれた203が2000円も高くなっています。また、102も7万6000円と高くなっています。一般に、広さや日当たり、眺望が変わらないなら、風通しもよく快適なはずの角部屋の家賃が高くなるのにも関わらずです。

このような場合は注意が必要です。というのも、既に述べていている需給バランスの崩れから、直近に入居した人の家賃は安く設定されており、昔から入居して更新を繰り返している部屋は、家賃の見直しが行われないまま、つまり最初に入居したときの高い家賃を払い続けてくれているというケースが増えているからです。

もしレントロールに各住戸が最初に入居したときの契約期間が書かれていない場合は、業者さんに聞いて確認しましょう。そして、このような家賃のバラつきの原因をはっきりとさせておくことです。

そのうえで考えるべきことは、広さも条件もほぼ同じ部屋なら、**今後入居者が入れ替わる際には、現在の最低金額の家賃が今後は「標準の」家賃になる可能性が高い**ということです。皆さんがオーナーになっても大規模リノベーション工事などを行わない限り、それ以上の家賃は取れないということです。いや、周辺の事情を調査して供給過多というなら、「標準」と思っている家賃さえまだ高く、適正賃料はもっと下という可能性さえあるのです。

レントロールの最低家賃を元に利回りをシミュレーション

122ページの表に戻って考えましょう。昔からの入居者が高い家賃を払ってくださっている102号室や104号室の今後の月の家賃手取りは、現在の最低金額である103号室の6万4000円で考える必要があるかもしれません。現在の居住者がいつ出ていくか、わからないからです。

よって、1階の部屋は一番安い103号室の6万4000円×4部屋、2階も同様に202号室の6万7000円×4部屋となります。いうまでもなく、現家賃は今後は希望的観測になりますから、購入を決める際の想定利回りは、「新家賃」でカウントしておくべきです。部屋が多ければ多いほど、差額が大きくなります。

建物図面と検査済証

一棟の収益物件に投資しようとするとき、候補の物件に空室があれば、もちろん自分の目で中の様子を見ることができます（チェック点などは次節で後述）。ですが満室の場合は、まずは建物図面から、部屋の使い勝手やリフォームの必要性などを調べることになります。

天井の高さ、収納やバルコニーの広さ、キッチンやバス、トイレの広さや位置などを建物図面から確認し、分譲物件にも遜色がないくらいなのか、それともバストイレ一体の時代遅れのユニットバスなのか、といった点を漏れなく確認しましょう。

検査済証《けんさずみしょう》についてはお聞きになったことがない人も多いと思います。

建物を建てるにあたっては、建築基準法や都市計画法といった法令の定めをクリアした建築計画を所管の自治体や検査機関に提出します。構造計算なども含まれた資料を関係機関がチェックして、合法であるという場合に「建築確認許可証」が発行されます。

このプロセスを経て初めて建築が可能になるのですが、建築後に、さらに計画どおりの建物であるかをさらに審査してもらいます。ここもパスしたときに発行されるのが「検査済証」です。

検査済証は、金融機関の融資審査を受ける際にも必要（なければ消極的な対応になる）ですし、実際の購入後、第三者に売却する際にも要求されるものです。

検査済証からわかる、物件の施工会社がどこなのかということも重要です。これで物件の〝氏素性〟の一端がわかるわけです。誰でも知っているハウスメーカーやゼネコンならまずは安心ですが、名前を知らない中小企業や工務店なら、その会社の経歴や主としている工法などは調べておくべきです。

例えば木造家屋でも「2×4（ツーバイフォー）」工法を用いて建てた物件かどうかを知ることができるでしょう。「2×4」なら、耐震性も強固です。建設会社の経歴などを調べるには、インターネットで検索して調べたり、有料ですが帝国データバンクや東京商工リサーチといった、信用調査会社を利用すればある程度の会社の財務内容はわかります。施工会社の中には、今は既に会社そのものが存在しないケースもときどきあります。

また、大手の施工会社であれば安心かといえば、そうとも言い切れない昨今ですが、少なくとも既に破綻してしまっている企業が施工した物件よりは、格段に安心といえると思います。

物件選びの第4段階　物件の「中」と住む「人」を見る

ワンルームであれファミリータイプであれ、**これからの不動産投資にあたっては、団塊ジュニア世代の趣味趣向をつかまないと失敗する**、と私は考えています。団塊ジュニアは人口ボリュームが大きく、趣味趣向も彼らより上の世代と異なるからです。

古くてもオシャレな造りになっているか?

団塊ジュニアの世代は、例えばクルマには興味がなくても、家具に凝ったり部屋の内装をいじったり、細かいところに強いこだわりがあるように感じます。「住」に関しては、意外と「古い」ことには抵抗がありませんが、古くてもオシャレでなければ選んでくれない、これが私の実感です。逆に古くてもデザイン性が優れていれば選んでくれるのです。

彼らは、バブルの絶頂期の恩恵は受けておらず、逆に就職氷河期でいい思いもしていません。ですが私の世代とは違って幼少期にはある程度豊かな暮らしをしていた分、幼い頃から海外旅行も経験している方も多いと思います。例えば、小学生や中学生のときにハワイのホテルに滞在したことがあるといった経験をしているかもしれません。

一方、経済観念がしっかりしていて浮ついたところはなく、仮にお金がなくとも、オシャレに暮らしたい。そんな世代ですから、賃貸物件もただの安普請では入居してくれません。

いよいよ部屋の中を見るときは、

「団塊ジュニアのカップルかシングルが選んでくれそうか？」

という視点で内見してみることも必要だと思います。

経年劣化も含め、水回りを重点的にチェック！

間口の広さや天井の高さ、収納、方角の確認などとともに、確認すべき点が水回りです。団塊ジュニアに限らず、今の学生世代も含めて、バス・トイレ別はもはやスタンダードです。仮にワンルームでも**洗面所を含めた「バス、トイレ、洗面所」は極端にいえば、大きさやグレードは別にして、分譲物件並みの配置や機能を望みたい**ところです。風呂の追い炊き機能や洗浄機能付きの便器が設置されているのなら、付加価値としてプラス評価しておいていいでしょう。

他に、シンクが広くてガスコンロも多く調理がしやすいか、大型の洗濯機でも入る置き場が室内に確保されているか、といった点も確認しておきます。洗濯機置き場がベランダというのはあまり歓迎できません。

水回りの機能性や広さが合格でも、注意してほしいことがあります。それは経年劣化です。どんなにこまめに修繕してていねいに使っていても、約25年経つと、水回り一式は傷や汚れ、またはデザインの陳腐化により、明らかに劣化していきます。つまり、**25〜30年に1回程度は、一式を取り替えるといった大掛かりな水回りの工事が必要**になるのです。

その際の床や壁紙の交換などを含んだ全面リフォームの費用の目安ですが、30㎡強のワンルームでも100〜150万円程度、50〜60㎡のファミリータイプの部屋なら200〜300万円にもなります。仮に家賃7万5000円が想定のワンルームなら、家賃13カ月強にあたる大きな金額です。

築年数が約25年を超え、その間、大掛かりな水回りを含めた補修が行われてこなかった賃貸物件などでは、購入後にその負担が皆さんにのしかかってくることになります。当然、将来のその費用負担を想定して事業計画をつくるべきでしょう。

ワンルームなら、3点ユニット、20㎡以下は厳しい時代

部屋の広さは内見をしなくてもわかりますが、ここでワンルームの物件についての潮流についてもまとめておきます。

二十数年前まで、ワンルームマンションは一種の憧れの的で、例え狭くても木造の物件に比べるとオシャレな感じがしたものです。当時は賃貸物件の数自体が今よりうんと少なく、貸し手側が圧倒的に有利な状況でした。

15〜18㎡、ユニットバス、洗濯機置き場は猫の額のようなベランダ。流しのシンクは狭く小さく、加熱まで時間がかかるうえ火力も弱い一口の電熱コンロ。収納スペースは名ばかり。学生や若年の単身者を対象にしたこのような物件でも、東京都内では立地によっては月8〜10万円以上といった、今から思えば考えられないような高値で満室を確保できたのです！

ですが、こういう一昔前の物件は今や当時の人気はありません。団塊ジュニアはもちろん、学生向けであっても、21〜30㎡以上の物件が主流です。**中古物件で20㎡以下のワンルーム、マンション1棟投資を考えていらっしゃるなら、よほどの好条件（立地、付加価値）**

がないと、常に満室を維持していくことは難しいと考えておくべきです。今の基準で競争力のある物件を探してみましょう。

視点を変えて、少子高齢化のことを考えると、マンションの内見でも違ったところに目がいくはずです。戸建てに住んでいたけど、掃除も大変で階段の昇り降りもつらくなってきた高齢者が、マンションに移るケースが増えています。現在、分譲マンションの中には、50歳以上の方が15％を占めている物件もあるのです。現在あるいは近い将来の高齢者を対象にした、フラットでバリアフリーに変更しやすい物件も多く出てくるでしょう。

実際、日本マクドナルドを率いていた生前の藤田田さんは、晩年は集中的に老人ホームに投資していました。これからの日本で、一番足りない「住まい」は、老人ホームであるといった考えは、確かに事実だと思います。

住んでいる人を知ろう！

少し話がそれましたが、物件の外と周辺、中を確認したとして、それでもわからないのが「住んでいる人」のことです。両者についても、可能な限りの情報を集め、投資リスク管理や物件投資の是非、価格交渉に生かしたいものです。

まず、住人についてですが、本当は会いたいところです。例えばマンション1棟に、どういう借主さんが住んでいるのか？　仮に6世帯あるのならその全員に会いたいものです。実際に話すことまでは無理でも、**不動産業者さんに知りうる範囲でよいので、「勤め先、これまでのトラブルの有無」などは聞いておく**べきです。

また、業者さんには賃貸契約書を見せてもらったほうがいいです。個人情報保護の問題もあるので、例えば名前のところなどはスミで消すといった方法で見せてもらえばＯＫでしょう。先に述べたレントロール（家賃表）も同様です。

さらにいえば、物件の近くの小売店や飲食店で客になって、「今度、あそこに越してくるかもしれないんですが、どういう人がいらっしゃるかご存知ですか？」などと聞いてみる手もあります。自分の足を使って、いろいろと情報収集の工夫をしてみましょう。

登記簿謄本で売主さんの状況を知る

次いで、売主さんの素性や〝懐事情〟も事前に知っておけば、リスクも把握でき交渉を

登記事項証明書（建物）の例

【表題部】（主たる建物の表示）		調製　平成23年3月1日		【不動産番号】	余白
所在図番号	余白				
【所　　在】	中央区銀座3丁目○番地△		余白		
【家屋番号】	○番△		余白		
【①種類】	【②構造】	【③床面積】㎡	【原因及びその日付】		【登記の日付】
共同住宅	鉄骨造陸屋根4階建	1階　45　32 2階　72　33 3階　72　33 4階　72　33	平成12年○月△日新築		余白

②　②③　①

【権利部（甲区）】（所有権に関する事項）				
【順位番号】	【登録の目的】	【受付年月日・受付番号】	【原因】	【権利者その他の事項】
1	所有権保存	平成12年○月△日 第○△□号	平成12年 ○月△日売買	所有者　渋谷区渋谷一丁目○番△号 登記太郎

④⑤

【権利部（乙区）】（所有権以外の権利に関する事項）				
【順位番号】	【登録の目的】	【受付年月日・受付番号】	【原因】	【権利者その他の事項】
1	抵当権設定	平成12年○月△日 第○△□号	平成○年 △月□日保証 委託契約に 基づく求償 債権平成○年 △月□日設定	債権額金1億円 利息 年2.8%年365日日割計算 損害金 年14.5%年365日日割計算 債権者　渋谷区渋谷一丁目○番△号 登記太郎 抵当権者　港区北青山三丁目 ○番△号 □□銀行 （取扱店北青山支店）

有利に進める材料にもなります。

不動産業者さんから、まず聞けるだけの情報を集めます。どういう境遇の人で、なぜこの物件を手放すのか、特にこの2点を確認しておきます。

その「裏」を取り、さらに詳しい内容を知ることができる可能性のあるものが、登記簿謄本です。登記簿謄本（現在はコンピュータ管理が進み、全部事項証明書という形式になっている）は不動産仲介業者から見せてもらうことが一般的ですが、無理なら物件を管轄する法務局に行けば取得できます。

登記簿謄本を見れば、以下のようなことがわかります（一部は類推・133ページ参照）。

①所有者（個人か法人か）
②いつから所有している物件か
③相続物件か否か
④物件を担保に所有者が借り入れていると思われる額（抵当権の額など）
⑤ノンバンクや消費者金融、または個人からの借り入れの有無や自治体からの差し押さえの有無

①からは、例えば「地元に住んでいる個人が売りに出している」といったことがわかります。

②では、所有年数が短い場合、注意が必要かもしれません。一度は購入した物件がうまく空室が埋まらず、賃貸経営がうまくいっていないので、しかたなく早期に売却しようとしているのかもしれません。

③では、相続が発生した家で、名義が複数の所有者になっており、相続税の支払いのために売りに出している、といったことを類推できることもあります。

また④からは、抵当権や根抵当権の額や極度額を足し合わせることで、所有者がどれだけの「借金」をしているかを、おおよそのところで知ることができます。例えば物件の売り出し価格が3000万円で抵当権の総額が一億円なら、金融機関が本当に抵当権を外してくれるのだろうかとか、売主は借り入れ過多で相当、経済的に困窮しているのではないか、といった類推です。

また⑤では、都銀や地銀以外の「○○ローン、○○クレジット」などの消費者金融の名前で抵当権が設定されていることを見つけることもあります。

このように、④、⑤では、所有者の懐具合だけでなく、「いま目先、お金に困って現金化を急いでいる」といった事情まで透けて見えたりします。さらには困窮度合いによっては、手付け金を打つのは危険ではないだろうか、といった契約方法も限定されてきてしまうこともあります。

業界の人間は、リスクもある程度把握できるので、こういう物件は「安く買うチャンス」と前向きになりますが、例えば初めて不動産投資するといった方は、お知り合いの不動産コンサルタントなどに相談したほうがよいかもしれません。**特に抵当が複雑に入り組んでいたり、所有者が短い期間で頻繁に変わっていたりする物件は注意が必要**です。

なお、④でわかるケースでは、現在の所有者に融資をしている金融機関が「任意売却」といって、競売に掛かる前に損切り覚悟で売らそうとしている、というものもあります。このあたりはＰａｒｔ４で改めて説明します。

物件選びの第5段階　境界の確定と買付証明書

物件の中と外、周辺、さらには住んでいる人や売ろうとしている人のこともあらかたわかってきました。ですが、まだまだ安心はできません。想定しうるリスクやトラブルの種は、極力、事前に摘み取っておかなければなりません。

境界をめぐるトラブルが最近増えている

更地であれ、上モノが建っている土地であれ、土地と土地の間には境界が存在します。概略だけ述べると、例えば長方形の土地なら**四隅には「境界杭《きょうかいくい》（境界標）」というコンクリートや石の杭が埋没されており（ときには杭の代わりに境界を示す金属プレートがあるときもあります）、基本的には杭と杭を結ぶ線の内側が自分の土地**ということになります。

この境界杭などは、下見の折などにすぐに見つかることもあれば、長年の間に土に埋もれていたり塀の下にあったりして確認が困難な場合もあります。調査の際に、すべての境界杭をしっかりと見つけることができれば、ひとまずは安心してもよいでしょう。

また隣り合った家や物件同士で、「このコンクリート塀がおおよその地境《じざかい》」などと、日常生活のなかでは互いに認知しあっていてトラブルなどがなくても、図面上の境界は実は違っているといったことも、ままあります。

実は、この境界をめぐるトラブルが最近増えているのです。どちらかの側が建て替えをする、相続が発生したときに、境界が明確でないと問題が起こることがあります。地価の高い都会などでは、わずか数センチ、境界がずれるだけでも地価に換算すると大変大きな額になることもあります。

また、境界が明快で互いに理解していても、その境界をまたぐ越境物（エアコンの室外機や配管、樹木の枝など）があり、撤去が必要になってくることもあります。

売主の責任で境界を明示してもらう

そのようなトラブルを事前に避ける意味でも、購入予定の物件の売主に対して、**「売主の責任で隣地との境界を明示してもらい、トラブルを排除してもらう」**旨を伝えておきましょう。本来、不動産の譲渡にあたっては、「引渡しまでに売主の責任で境界を明示する」ことは一般的な契約書にも書かれている条項です。ところが、「明示」の仕方がさまざまで、方法によっては頼りにならないこともあるのです。

そこで、必ず測量図面を提示してもらい確認するようにします。もしなければ、売主の責任で測量士に依頼してもらい、きちんとしたものをつくってもらいましょう。

一般に、**もっとも効力が高く安心できるのが「確定実測図」です。これは自分の土地と境界を接するすべての土地の所有者が、境界が正しいことを認めたうえで、捺印して頂き、その境界を元に測量図を作成しています。**隣人のお墨付きがあり、互いに納得して捺印しているわけですから、何かあった際も効力は高いのです。

他に、隣人の承認がない単純な「測量図」、またオーナー側で（ある意味勝手に）境界を仮定して作成した「求積図」などもありますが、確定実測図に比べると効力はかなり劣ります。きちんと隣地のオーナーさんや代理人に立ち会ってもらい、承認をもらったうえで確定実測図をつくってもらうのが最善の方法といえます。境界が複雑な場合や、明らかに何かが大きく越境していると思われるときはなおさらです。

買付証明書をつくって持参する

自分の足で調査を重ね、いよいよ大詰めとなってからは、スピードと機動力が大切です。

皆さんが「買ってもいい、買うに値する」と判断した物件は、他にも狙っている人がいると考えるべきでしょう。ライバルの個人投資家やプロにも負けないために、まずは迅速さです。

まだ契約に至るまでには金額交渉や諸条件の調整が必要でしょうが、まずは**買うという意思表示をし、交渉の優先順位をもらうのです。その意思表示が買付《かいつけ》証明書（買付書、買付申込書）**です。契約書の締結や手付金の支払いとは性質が違い、あくまでも契約前の意思表示となる書面です。仮に交渉がまとまらず破談になっても、ペナルティを要求されることはありません。

買付証明書に記載するのは、以下のような点です。

1・購入希望金額
2・契約時期
3・物件の引渡し時期
4・引渡しの条件
5・その他（有効期限や銀行融資に関する停止条件）

1は、自分が買いたい金額、表示価格より指値をした金額となるケースもあります。「この値段なら買う」という皆さんの意思で、当然、売主さんの希望額と隔たりがあってもかまいません。

2、3は、文字どおり、契約の時期と物件を譲渡してもらう引渡し日のことです。

4の条件とは、先に触れた境界の確定や互いの越境物の除去、またもし物件に何らかの瑕疵《かし》がある場合には、その修繕の希望などです。

5は交渉の有効期限と、仮に金融機関からの融資がおりなかったときは、ノーペナルティでこちらから交渉を打ち切れる、という趣旨の文言になります。

売主サイドの仲介業者と接触

この段階で皆さん（買主）に物件情報を提供してくれている仲介業者＝不動産業者さんは、「買主、売主どちらの側の業者さんでしょうか？」ということが重要になってきます。少し補足をしておきましょう。

ある物件が売りに出されるとき、直接に売主さんから依頼を受けた「売り手側の業者さん」がいます。大手や中堅の不動産会社のこともあれば、昔から売主の物件を管理してきた駅前の不動産業者さんが売却の委任を受けることもあります。

それら売主サイドの業者さんから物件の情報を入手して、皆さんのような個人投資家など買主側に情報を提供するのが、買主サイドの業者さんです。

ときどきあるのが、売主から売却の委託を受けた業者さんから直接の情報が皆さんにもたらされるケース。つまり、その業者さんが売主側、買主側、双方の立場を兼ねるわけです。

このようなケースは恵まれていて、物件情報がよりダイレクトに届けられたということでもあります。何より、**業者さんが売主と直結しているわけですから、これまで述べてきた「なぜ売りに出すのか？」といった買主側が知りたい情報が、手に入れやすい**のです。

さらにいえば、このようなケースの業者さんは、売主、買主双方から手数料（3％程度）をもらえる「両手取引」ですから、話がまとまるように熱心に働きかけてくれることが多いのです。

とはいえ、個人投資家の場合、通常は売主直結の情報から契約に至るケースはそれほど多くはないと思われます。

買主側の業者さんは売主さんや物件の事情などをすべて把握しているわけではありませ

ん。

ですから、これぞという物件に出会った場合は、できるだけ早く売主さん、もしくはその売主側の業者さんと直接に会って話をしてみることが重要なのです。疑問点を確認したり、他に手を挙げている人がいるのかいないのかを確認したり、条件面の話をしたり……。

こういった交渉のテーブルに、できるだけ早く着くための武器が、買付証明書というわけです。

皆さんの気持ちもまだ固まらず、希望条件があやふやなうちは、買い手側の業者さんも「冷やかし」程度と思って、当然、売主さんサイドには会わせてくれないでしょう。ですが、買付証明書に明示したような金銭や時期をはじめとした諸条件が明確になっていれば、買主側の業者さんを動かす材料になります。

「○○さん（買い手側の業者さん）には、きちんと手数料はお支払いします。買付証明書を持参しますので、〝売主さん側〟に直接会わせてください」

このように頼んでみればいいでしょう。

私たちプロも、**行動は同じです。とにかく、他者より先んじて売主さん側と直接の交渉をすることが、不動産投資では肝要**なのです。

不動産投資では業者さんはじめ「人との縁」がとても大切と述べてきました。

例えば、普段は賃貸物件への入居斡旋を中心に、一人で細々と経営しているような業者さんの元にも、ときに思わぬお宝物件の売却話が舞い込むことがあるのです。古くから事業を行っている業者さんほど、仮に事業規模は小さくても、大家さん直結のいい情報が巡ってきたりします。大手企業が常に良い、かつホットな情報を握っているわけではないところが、この業界の面白いところでもあります。

しかしながら、どんなよい物件がいつ、どこの業者さんに入るかは誰にもわかりません。まさに「神のみぞ知る」なのです。だからこそ、私の会社でも、広く深く信頼関係を長きにわたり、築き上げることを常に心がけているのです。

物件選びの第6段階　銀行融資の承認と契約・引き渡し

最後に、金融機関からの融資を取り付け、契約を交わして物件を譲り受けることで不動産売買の一連のプロセスは終了します。

不動産投資ならではの銀行の選び方

ここで、金融機関の選び方について、基本的な流れをご説明しておきます。

まず、個人投資家の皆さんが普段の給与振込みや光熱費などの口座引き落とし、クレジットカードの決済に用いているのは、一般には都銀や地方銀行、または信用金庫などであることが多いと思います。長年のつき合いもあり、また定期的に預金を積んでいたり投資信託などの金融商品を、銀行の窓口販売で購入したりしている人もいるかもしれません。

そういう銀行などに、収益不動産を購入するためのアパートローンを一応は申し込んでみてもいいですが、結論からいうと現実は厳しいものがあります。土地など十分な担保や給与以外に多大な家賃収入や配当収入がある方は別ですが、「普段からのおつき合い」をこちらが思っているほど銀行は重視してくれないのです。

なぜならば、収益物件を買うためのローンは、自分が住むための住宅ローンとは、100%異なるある意味、事業に対する融資なのです。数年前まで、三井住友銀行が積極的だったこともありますが、現在はその限りではありません。

現在、**日頃からの取引のあるなしに関わらず、アパートローンに積極的に対応してくれる代表が、オリックス信託銀行とスルガ銀行**です。その次となると、物件が建つエリアの地方銀行や信用金庫です。

普段からおつき合いのないことを心配する方もいるかもしれませんが、先方もそういう事情は承知していますので、話はきちんと聞いてくれます。

それらの金融機関に複数あたり、金利や返済期間といった条件について比較して、もっとも有利なところから借りるというのが一般的です。

審査と融資が認められるまでの期間は？

既に述べてきたように、エンドユーザーとしての住む家を買うための住宅ローンとは異なり、収益不動産購入のためのアパートローンは、変動金利がほとんどです。そして、最近の事例では、投資額において自己資金を最低3割程度、用意できなければ融資が認められないケースが増えています。言い換えれば、物件の価格の7割までなら、一般に借りられる（1億円の物件に掛け目70％で7000万円を融資してくれる）可能性があるということです。

一方、本業での収入が多い方は、より多くの融資を受けることができます。逆に収入の少ない方は、より頭金の割合を増やすことが必要になるケースが多いようです。

金融機関との交渉にあたっては、時間や節度を守り、検査済証などの物件の価値を客観的に見ることができる資料、さらに自身の年収やローン残高（住宅やクルマなど）を証明できる書類を事前に用意しておきましょう。

そうして借りることになりそうな金融機関が定まり、**借り入れが可能な額と想定金利も読めてきたところで、再度シミュレーションを行います。**金利が思ったより高いという場合は、毎月の返済額が増え、想定利回りは低下します。物件の購入価格をさらに下げてもらう必要があるのかといった判断もしなければなりません。

一般に、融資申し込みから2週間〜20日間くらいで融資の可否が知らされます。買付証明書の売主さんへの提出やその後の契約日の設定とタイミングが合うように、金融機関の担当者にはヒアリングしておきましょう。

「契約書」と「重要事項説明書」の写しを事前に入手

いよいよ次は、「契約」ですが、最低でも契約日の数日前には「契約書」と「重要事項説明書」の写しを業者さんからもらい、すべてに目を通して納得いくまで理解しておいてください。わからない用語や条項があれば、遠慮なく業者さんに問い合わせてみましょう。そして、**自分が把握していなかった不利な「特約」や疑問な点があったら、それらが解決できるまで契約の延期も考える**べきです。

ちなみに、「重要事項説明書」とは、契約書にはあえて書かないけれども、買主に対して説明の義務がある「重要だと思われる事項」のすべて（例えば雨漏りや隣地からの越境物、検査済証がないといったこと）を書き記した書類のことです。

宅建業法は、宅建業者に対して「買主に対して重要と思われる事項はすべて説明しなければならない」旨を謳《うた》っています。

これに反すると、宅地建物取引法違反とされ、損害賠償を請求される可能性もあるため、賢明な業者ほど、買主が気づいていないような不具合や問題点を、この重要事項説明書にもれなく書く傾向にあります。

とくに、説明書の末尾にある「特記事項」「特約事項」といった項目に書かれていることが多いので、それらの箇所は特に注意深く確認してください。

なかには、故意か不注意かは別として、物件の瑕疵《かし》（欠陥や故障）など問題点を発見できない業者さんもいますので、重要事項説明書に記載がないからといって100％安心はできません。先にもいったように、自分の足と目で調べて、「？」と思ったことは、すべて契約前に確認しておくべきなのです。

契約書に記しておく銀行融資特約のこと

事前の写しの確認で、すべての疑問が解決して、金額や引渡し時期などが合意に至れば晴れて契約です。その際、契約書に事前に盛り込んでおくべき項目として注意しておくべきことがあります。それは、**「金融機関の融資がおりなければ、契約を白紙解約できる」旨の特約**を盛り込んでおくということです（もちろん、すべて現金で購入する場合はこの限りではありません）。

近年、総じて金融機関の審査は厳しくなってきており、以前なら融資が認められた案件でも、NGになるようなケースが増えています。この白紙解約の特約を盛り込んでおけば、思惑に反して融資がおりなかったときも、手付金を没収されたりといった不利益を受けなくてすむのです。

実際の取引の現場では、契約して融資がおりないということになるべくならないように、契約前に金融機関の担当者とよく打ち合わせをして、内々で融資が可能かどうか緊密に打診を行ってから、契約するという手順を取ります。

引渡し後に、物件をよく確認する

契約書や重要事項説明書などから買主が知りえなかった物件の瑕疵（欠陥や故障）は、「瑕疵担保責任」といって、売主の責任で修理や修繕を行う決まりになっています。

この瑕疵担保責任には有効期間があって、主要な構造部分や雨漏りについては、新築物件なら引渡しから10年です。ただし中古物件になるとぐっと短くなります。売主が宅建業者の場合は2年、個人の場合は2～3カ月が一般的です。

ですから、特に中古物件、それも個人の売主から購入したという場合は、引き渡し早々に、入念に瑕疵がないか調べておく必要があります。そして、万一、思わぬ瑕疵があったのなら、即、売主に修理・修繕を要求しなければなりません。

ただし、調べるといっても、部屋の内部は入居者がいるために原則、中へは入れません。

そこで、全入居者にアンケートをとるのがよいでしょう。

「何か設備の不具合はありませんか？」

「雨漏りやシミはありませんか？」

「壁に亀裂が入っていませんか？」

などです。

同時に管理についての意見やクレームをヒアリングするものよいでしょう。入居者に長く住んでいただくためにも、クレームがあれば早い段階で手を打つことができるからです。

実際の取引では「所有者変更に伴う賃料振込先変更のお知らせ」などの通知と同時に行うことになります。新たに管理会社を変更するのであれば、新管理会社と打ち合わせをしながら行っていきます。

COLUMN

婚活と投資活動の共通点

私は、不動産投資をしたいという方に会うと、必ず「なぜ投資したいと思うのか?」と冒頭に聞くようにしています。

ある若い方（男性）の答えが今風で興味深かったのでご紹介します。

その方の動機は「仲の良い友人が嫁さんをもらい、それがうらやましくて、私は投資したいと思うようになりました……」と??

さらにこの方の話を要約すると、

「職場の仲のよい友人が結婚した。その奥さんが派遣社員で毎月約10万円程度稼いでくる。友人曰く『2人で生活を始めたら、家賃や光熱費その他2倍かかると思ったら、一人暮らしのときとそれ程変わらなかった。だから奥さんの毎月の稼ぎ10万円が非常にありがたく、生活が豊かになった』と。それを聞いて、友人がうらやましくなった。自分は当分結婚できそうにないので、お嫁さんの代わりに毎月10万円程度稼いでくれる物件への投資を考えている」と。

初めて聞いた、「ヨメ」の代わりに「不動産」という実にユニークな視点?

からの動機だったのですが、ひるがえって、女性の立場から考えると「婚活」という行為も「投資」行為と実に多くの共通点が？　とふと思ったのです。

女性が婚活するうえで男性を選ぶ基準はいろいろあるでしょうが、（顔や身長や性格以外に）やはり勤めている「会社のブランド」とか「年収」といったことも重要になってくるのかもと思います。

「男性の勤務先が大手有名企業であれば、毎月のインカムは将来に渡り安定している」と素人でも容易に想像できます（この辺の「有名企業」の将来性が、実は近年ますます怪しくなってきている現状はありますが……）。

立地としてブランド力がある土地にあり、将来に渡り確実にインカムを生む物件は、不動産投資においても引く手あまたです。

よって、実際のマーケットでは、相当な資金力がある方でないと現実的には投資が難しくなってきている現状があります。

「資金力があまりないが、どうしてもインカムを重視したい」という方は、一般的に超人気エリアは避け、「一般的にはあまり知られていないが将来有望な立地」にある物件を探す方法を取る方も多いのです。

しかし、この「将来有望かどうか」という判断が実に難しいのです。人口が減少する日本において「総論駄目だ」と、海外で、婚活ではなく投資をしようとする動きもあります。

何か、ここまで書いていてやはり似ているな……。「婚活」と「投資」。そうなると、注意点（リスクヘッジの手法）にも幾つかの共通点があるかと。

1　立地（職）があまりよくないのに、不思議とインカム（年収）が高い物件（人）には注意

不動産の世界では当たり前なのですが、投資の成否がわかるには若干長い時間がかかります（恐ろしいことに結婚も同じでしょうか？）。だから一時的にインカムがよい物件に惑わされてはいけません。3年後には、空室率上昇と家賃低下で収入50％ダウンということもよく起こり得ます（では、どうやって見抜くか？不動産なら徹底的な調査でしょうが、対象が人間なら、その人がもっている「人柄」と「生きる力」をみるしか術がないように思います）。

2　見掛けだけに惑わされてはいけない

不動産において、外壁も内装もお金をかければ美観的には相当ハンサムになります。特に中古マンションの内装などは、３００万円程度かければ、30歳は若返ります。バスもトイレもキッチンも床も。しかし、給排水管やガス管が劣化していても素人目にはわかりません。肝心な部分は目に見えない場合が多いのです。

以前、雨が降ると床に水溜りができる築35年のあるマンションを見ました。外壁に亀裂ができて雨漏りしているのです。そんなマンションでも３００万円程度で見た目だけはオシャレにリニューアルできます。

3　投資は前のめりになったとき、失敗するリスクが高まる

例えば「○月までには必ず投資するぞ！」と自分に誓い、焦って投資した場合、投資不適格物件を買ってしまうことが実に多いのです。

よい物件と巡り会うのは一に「努力」ですが、二に「運」が必要です。そしてこの「運」は他人がもってきてくれることが多いのです。よって期限を自分で決めて焦って投資してよいことはないかと（これも、どこか似ているような～）。

4　結局資金力がものをいうのか？

投資の世界では、「結局（お金持ちのところに情報が集まり）お金持ちだけがどんどん豊かになっていく」といったことがよくいわれます。60％は当たっていると思います。

情報の問題だけではありません。お金持ちは、もうお金が十分あるので「待てる」のです。そして「これぞ！」といったとき、（つまり不動産価格が下落し、普段は買えない良い物件が目の前に現れたときに）投資するのです。

それ以外ではどうしているのか？　彼らは猛烈に勉強し、自己投資しています。

さらにいうと、彼らのように資金力をアップするには、本業で自分の価値を高め、収入を上げるしかありません。それには、当たり前ですが、本業に人一倍励み、それにプラスになるようなあらゆる自己投資をするしか方法がありません。

婚活においても、（私は専門家ではありませんが）自己投資して自分の価値を高めるのが一番早道のように感じるのですが……。

The Guide to Decision-Making and Investment

part 4

“家賃保証”といっても
実は永久ではありません

不動産投資で “やってはいけない” カン違いや思い込み

カン違い①「不動産業者はすべてを知っている」

本章では、個人投資家の皆さんがうっかり陥りそうなカン違いや思い込みについて、私が見聞きしてきた例なども紹介しながらまとめていきます。それらのカン違い例を反面教師として、今後の皆さんの投資に生かしてもらえればと思います。

知っていることをすべて言ってくれるとは限らない

最初のカン違いは、不動産業者さんは「すべてを知っていて、余すところなく事情を伝えてくれるはず」というものです。

たしかに、取引に関わる人を信頼してある程度任せていくことも大切ですが、既に述べてきたように、不動産投資では自分の足でメリットもデメリットも調べて、判断していくことが不可欠です。

もしもクルマを買うのなら、どのディーラーで買っても品質は同じで、仮に不具合があっても一律に対応してくれますね。

ですが、不動産は千差万別で、同じエリア、似た造り・間取りの物件はあれど、一つとして同じものはありません。それだけに、不動産業者さんが「すべてを知っている」と信頼してしまうと、つまずきの原因になりかねません。

宅建番号が古い（免許番号の数字が大きい）業者さんは「事業歴が長く信頼できて、知識も豊富」といわれたりしますが、そこで働く担当者が新人では意味がありません。同様に、店の面構えがしっかりしている、有名な会社だから、というだけで過信するのも考え物です。大手の業者さんでも、対応がぞんざいな担当者もいます。

また、業者さんが仮に「知っている」事柄や情報があっても、すべてを皆さんに伝えてくれると思うと間違いです。「これは！」というとっておきの物件情報は、特定のお客様にしか出さないことは既に述べました。

また、仮にいい物件情報を提供してくれている業者さんでも、取引にマイナスになるような情報（たとえば境界の問題が未解決、家賃の支払いが遅れがちな入居者がいるなど）は最低限、あるいは聞かれなければいわない、という傾向もあります。業者さんも商売ですから、早く取引を成立させて手数料を得たいというのが本音です。

「早く決めないと次に別の人が希望している」などと、やたら契約を急かす担当者もいますが、本当にそのような状況にあるとしても、あくまで自分のペースで取引を行うほうが賢明でしょう。

地元のことはなんでも知っているが……

例えば、あなたが名古屋の物件に興味を持ったとしましょう。名古屋市といえば日本でも有数の都会ですから、首都圏の投資手法や観察眼が生かせると考える投資家も多いかもしれません。例えば東京などの投資で成功していて、2、3件目の投資で名古屋を考えているといったケースで、都内の普段からおつき合いのある不動産業者などに相談する場合もあることでしょう。

ですが、東京の特定のエリアについては、地歴も地位も家賃相場も何もかも知り尽くしているプロかもしれませんが、だからといって、名古屋についてはどうでしょう？　よくは知らないのが一般的でしょうし、アドバイスが的外れのこともあるかもしれません。相談された業者さんにしても、もっと地方での投資話をもちかけられたのなら「これまでに経験したことがないから」と慎重になるでしょうが、なまじ同じ「大都会」というイメージがある分、つい気軽に想像で答えてしまうかもしれません。

やはり現地と物件を自分の目で見て確かめるのが基本です。東京の業者さんに相談するのはいいですが、その見識がすべてと思わないことです。相談して同時に、名古屋に密着しているプロを紹介してもらったり、自力で探したりして、本当に詳しい人の意見を求めるべきです。

地方ではクルマの比重が思っているより高い

私の知っている限り、名古屋への投資では、「駅近くで利便性も高い」物件が、東京ほどは人気が出ない、という意外な一面があります。

なぜなら、名古屋の人は普段の暮らしはもちろん、仕事でもクルマを利用する人が多いからです。自動車検査登録情報協会の2010年「都道府県別・車種別自動車保有台数」によれば、愛知県内で所有されているクルマの数は約497万台（軽、二輪車含む）で、より人口の多い東京都の約446万台（同）を上回っています。全都道府県で最大のクルマを所有しているのです。

名古屋の人は東京の投資家が思うほどには、通勤などで電車を使わないのです。つまり**「駅まで徒歩2分」が、東京ほどは売りにならない**わけです。

ターミナル駅に程近くステイタスも感じられそうな高層マンションでも、駐車場は全戸数のわずか数割ほどしか確保されていないことがあります。そういう物件より、駅から徒歩10分でも駐車場が全戸分あって、幹線道路にも出やすい立地の物件のほうが便利で人気だったりします。

現に、駅前の高層マンションを出て、駐車場つきの物件に移る人も多いと聞きます。名古屋に限らず、地方の中核都市でも**クルマが主な足となっているエリアでは、駐車場の数や物件周囲の道路事情（一方通行などで遠回りする必要がないかなど）が、着眼点として大切**になってくるのです。

以上は一例ですが、誠実で知識もあり、信頼できる業者さんでも、専門外のエリアについては未知のことが多いのですから、地方への投資を検討している場合は、特に注意が必要です。

カン違い② 「表面利回り約15%はお得で買い」

数字をとことこまかにシミュレーションして物件比較したりすることは大切ですが、利回りの数字だけに目を奪われがちな投資家もいます。「いくらか利回りが下がっても、最初が15%なら安心」という気持ちもわかりますが、当初の想定利回りさえ高ければ大丈夫というのはカン違いのこともあるので要注意です。

人は成功すると脇が甘くなる

人間の特性なのでしょうか、投資がうまくいくと「もっともっと」となってしまいがちです。そのうえ脇が甘くなって、「余計なもの」を買ってしまうという性質もあるようです。特に最初の1、2件で成功している投資家さんにその傾向があります。私などは小心者で慎重なので、**収益が上がるとなるべく繰り上げ返済に回すのが得策**だと思ってしまうのですが……どちらが正しいかはなかなか難しい問題です。

例えば地方には、満室想定の利回りで15%、なかには20%という物件もゴロゴロあります。

うまくいくと毎月何十万円もの家賃収入が入ってきます。加速度的に自分の貯金が増え、「地方の安いアパートならローンを組まずとも現金で買えるからいいだろう」という人も非常に多いです。

利回り20％が続けば5年で元が取れるとなれば、心が動かされます。けれどもそれは、諸刃の剣です。当然ながら、リスクはあります。**地方の物件を満室にするには、大家さん側の相当な努力が必要**なのです。

なぜそんな高利回りの物件が売りに出され、しかもネットで検索しただけで「ゴロゴロと」出てくるのか？

もしかしたら「人が入らないからみんな売りに出しているのではないか？」「この先も人口流出が止まらず、家賃を2割下げても入居者が見つからないかも？」「地元の人は、そういった現状をよくわかっていて買わないから、ネットに出ているのではないか？」

このように、自分がこんな物件を見つけてラッキーと思うのではなく、「なぜ？」といった視点を持つことが必要です。

利回りを再計算

地方では、空室のリスクと家賃低下のリスクが高いため、相場的なキャップレート（投資家が期待する利回り）が高く、15％を超えるような高利回り物件が存在するのですが、不動産の価格が安い分、一般にリフォーム代やクリーニング代は家賃に対して（相対的に）割高になります。諸々の修繕費等は価格に正比例するわけでありません。なんでも自分でやってしまう専業大家さんは別でしょうが、「サラリーマン大家さん」なら、そのあたりの経費も収支に入れておく必要があります。

何より、仮に一部屋をベースに考えてみますと、住人が転居したとして、**次の半年間、新たな入居者が決まらなければ空室率50％と同じ**になってしまいます。当てにしている、付近の工場は、稼動規模を減らしたり移転を計画したりしていませんか？　大学は定員割れをおこしていないでしょうか？

空室を埋めるために、家賃を下げ続けたり、リフォームに多額の費用をかけたりしてやっと埋まるということも多々あります。

96ページに挙げたシミュレーション表で、もう一度、希望的観測ではない、本当の将来における実質の利回りを検討してみてください。

人口の流出をどうやって確認するか?

当たり前ですが、賃貸経営は住んでくれる人がいて初めて、成り立ちます。現在、空室率のトップは山梨県で、工場などが多い甲府市内のマンションでも、空室が目立ちます(2011年3月時点)。地方への投資ではエリアの人口の増減、推移は必ず確認しなければなりません。

人口の増減や流出具合は、区市町村のホームページにある統計資料で確認しましょう。特に、地方ではここ数年の「減り方の度合い」を確認しておきます。もっとも、地方でも工場団地や学園都市の誘致の話があったりして、人口が増加に転じるケースもあります。

ただ、大阪の関西空港対岸の「りんくうタウン」のように、当初計画とは時期も規模も程遠い開発になるケースが多いのも事実です。多額の開発費を回収できない大阪府の泉佐野市は「財政非常事態宣言」を出して、既に実施している粗大ゴミ回収代金の値上げを実施し、各種公共サービスの値上げや補助金縮小を表明しています。

夢のような開発計画を信じて地方へ投資しても、その開発が頓挫すれば、賃貸経営は苦しくなるでしょう。それどころか、増税や行政サービスの低下でますます入居者が見つかりにくくなってしまうかもしれないのです。

「利回り」に目をつけるのはしごく当然のことですが、背景にあるリスクをしっかりと認識しておきましょう。

カン違い③「家賃保証は永久である」

「一括借り上げで、仮に空室が出ても家賃は全額（もしくは8割など決められた額）を保証」。こんな謳い文句を聞いたことはありませんか？

建ててはいけないところに建った物件

マンションやビルをもっているオーナーさんなどに対して、空室が生じたときの家賃保証だけでなく、不動産経営の全般（入居者探しや契約手続き、家賃の督促、日々の管理など）を代行する業者があります。または、サラリーマンの方に収益不動産を買ってもらい、**一括で借り上げ、自ら賃貸経営の代行を行うというビジネスモデル**です。

一方、土地をもっている方にアパート建設などを提案する建設会社も多く存在します。しかし、エリアによっては空室率が上がり、家賃の下落というダブルパンチとあいまって、赤字に転落する建設会社も出ています。景気のいいときに膨張を続けたものの、今では逆ザヤになり、「家賃保証」の重荷にあえいでいるわけです。特に単身者向けの物件を、場所を選ばずに強引に建てていったような不動産会社が苦しんでいます。

私の目から見ても、そもそも**需要がない、あるいは本来は建てるべきところではない、アパート経営をすべきでない場所に建てている**例も目立ちます。

典型的な例が、地方における単身者向けのマンションやウィークリー、マンスリーの建物です。安普請・家具家電付きのタイプなどで、景気のいい時期はそれでも埋まっていました。借りていたのは、製造業で働く派遣労働者などです。派遣元が「社宅」として部屋を借り上げてくれていたのです。工場の生産が減り、労働者の〝派遣切り〟が増えると、それらの物件は途端に空室ばかりとなります。

東京の郊外の例でも説明しましたが、学生を見込んでいた同様の物件も、不況で親の収入が減ったことから子どもへの仕送り額が減少し、家賃の安い物件に流れていくケースが増えています。全国大学生協連（加盟212大学）が行った2010年の学生生活実態調査によれば、大学生への仕送りの平均月額は7万1310円と、80年代初頭の水準にまで低下しているのです。

家賃保証といえど、一生保証されるわけではない

これらの家賃保証されている物件も、実は、2年に一度など、オーナーと不動産会社との間で契約条件の見直しが行われています。家賃全額保証の約束は、永遠ではなく、次の更新時には条件面での見直しが行われるのです。家賃を保証する側としても、事業が成立しないというのなら保証賃料を見直していかざるを得ません。そのときに苦しむのはオーナーさんです。

言い方は悪いですが、「家賃保証」の甘い罠に飛びつくのは危険です。これから新たにアパートを建てる方や「家賃保証だから安心」だと思っている個人投資家の方は、よく考えたいところです。

また、今後、そういう経緯で建てられたり投資された物件が、状況が芳しくなく、売りに出されていくことも増えていくことでしょう。元々、安普請でもどうにか埋まっていた物件だから順調に経営できていたわけですが、今後は家賃をかなり下げるか、何らかの付加価値を高めなければ苦しくなることが予想されます。

「なぜ物件を手放そうとしているのかをよく調べてほしい」とPart3でお伝えした

のは、こういう事情があるからなのです。

大手ハウスメーカーのなかには、**既に九州の全域で単身者向けの賃貸物件建設は行わない、要望があっても基本的に断る方針**をとっているところもあります。戸建てや分譲用物件以外の賃貸用物件を建てる場合は、すべてファミリー向けということです。

単身者向けの賃貸物件は、需給バランスが崩れているうえ、少子高齢化は今後も進むでしょうから、厳しさが増すばかりです。

本質的なマーケティングリサーチをせずに需要が少ない地域に建てられた「かつての家賃保証物件」が生き残っていくためには、イバラの道が待っていると思います。

このように最後には、すべてのリスクを物件所有者＝オーナーが背負わなければなりません。投資の世界では、その対象が株式であれ、不動産であれ、結局すべては自己責任であるのです。

カン違い④「いい物件だからこそ銀行が融資してくれる」

カン違いや思い込みで多いのが、〝銀行のお墨付き〟というものです。

不動産投資において、銀行は、つき合っていかなければならない大事なパートナーですが、彼らの審査の可否と投資の是非はまったく異なります。

銀行は積算はできても、将来のリスクまでは予見できない

銀行の担当者にもいろんな人がいますから、なかには不動産業者並みに不動産に詳しい人もいるでしょう。ですが不動産そのものや投資、または不動産経営について必ずしも十分にプロフェッショナルであるわけではありません。

建物の評価、土地の評価をして、積算価格を算出することは、彼らも簡単にできるはずです。更地はいくらで建築費がいくら、100坪だから6000万円という具合です。ただ、そのエリアの本質的な需給バランスの崩れや今後どの程度家賃が下がっていくのか、といったリスクを把握するシステムや調査能力は特に必要とされていないようです。

銀行は金利収入で成り立っているわけですから、行内ルール上の要件さえそろえば貸していただけるのです。

「満室もしくはそれに近い状態、家賃収入と月の支払い額との差額、返済期間、耐用年数、金利上昇時のバッファー」を見て、これらの要件をクリアしていれば、銀行は貸すものです。

だから「銀行が貸してくれるのだから安心でいい物件」と考えるのは大きなカン違いなのです。

銀行は物件よりも、個人を見ている

銀行はかつてのように、物件自体の担保価値を重視するやり方を、今はとっていません。仮にローンを組んだ個人投資家が不動産経営に失敗したときに、担保にとった物件を競売に出すなりして回収すれば問題なしといった考えには立っていないのです。

現在の銀行は、「返済金が賃料より上回った場合は、あなたの給料や資産から返してください」と考えています。ですから、例えば総合商社勤めで年収が1800～2000万円あるような人には、普通のサラリーマンが驚くような額でも融資しています。

私の経験的感覚でいえば、現在は「物件のよしあしは3割、7割は個人信用＝収入」です。

皆さんの労働市場の価値が重視されているのです。

個人の年収、勤め先の安定性と勤務年数……。もっと詳しく説明しますと、住宅ローンの残高、子どもは何人いて学費はあとどれくらいかかるのか、奥さんは働いているのかなど、個人の家計のキャッシュフローを見ています。

よって、教育費や他のローンが多額だと銀行は消極的になりますが、奥さんが働いていて保証人にもなるなら貸してもいい、というケースも結構あります。これが現在の銀行のリスクヘッジのやり方なのです。必ずしも「担保主義」ではなくなってきていると感じます。

銀行が「融資する」と向こうからいってきた！

先にも紹介したように地方では利回り10数%という物件が常時、多数存在しています。

実績も信用もある投資家のもとには、銀行が物件の話をもってきて「融資をさせてください」という例もあります。その中には、本当にいい物件もあるでしょう。ですがすべて安心と考えていいでしょうか？　残念ながら銀行の担当者の多くは、不動産が将来に渡って安定した家賃収入を生むかを見極める能力が、先に述べたように不十分なのです。

私の顧客のなかで、山口県に住む個人投資家がいます。この方は本業で成功しているので銀行からすれば貸したい人です。その方は、次は東京への投資を考えていました。すると、つきあいのある福岡の銀行が、「東京は無理だが、福岡の物件なら貸せる」と多数の地元福岡の物件資料を持ってきたそうです。福岡の空室率が高いことを知っているその投資家さんは、私のところに相談にいらしたというわけです。

いろいろと相談の結果、やはり現在の福岡物件への投資はリスクが高いということになりました。では、銀行はなぜその話をもってきたのでしょう。銀行は物件の将来性のことなどは別にどうでもいいのです。他の事業で成功している個人投資家の収入が高ければ、取りっぱぐれはないのですから。

つまり、**「銀行が融資してくれた＝物件の本来の価値と将来性を十分に認めてくれた」というわけではありません。**

「銀行が融資してくれるからＯＫ」とうかつに信じ込むのは危険です。

銀行が積極的に売買に関係する物件

ひどい例になると、金融機関が主導して、「付け換え」を行うこともあります。

どういうことかというと、金融機関が貸し付けている個人や法人の中に、借金で首が回らない人がいます。その返済不能の物件を、返済力がありそうな新しいオーナーに売って「付け換え」るのです。優良な借主が住んでいて物件価格も将来性もあるのならいいですが、前オーナーがお手上げになるくらいですから、何がしかの問題点（立地や需給バランスの悪化）が潜んでいるかもしれません。

「銀行から話をもってきてくれるなんて、オレもひとかどの人間になった」などと気をよくして、よく検討もせずにそんな物件に「付け換え」られたとしたら、悲惨な結果になるのは避けられないでしょう。

ちなみに「任意売却」にも銀行は絡んできます。ある物件のオーナーが借入金の返済ができなくなったときに、貸出先の金融機関は、最終的には担保不動産を差し押さえたうえで不動産競売の手続きをとることになります。この**競売に至る前に、オーナー側と金融機関が合意のうえで、不動産市場で買い手を探すのが任意売却**です。

一般論ですが、任意売却のほうが競売よりは売値が高くなり、オーナーにも金融機関にも利益になることが多いようです。このような背景がある物件の情報を見つけた場合、安く買えるチャンスであることもあります。こういったケースでは、どこまで銀行が損切りしてくれるのかが、投資家にとっては重要な問題となります。なるべく高く売却したい銀行と、できるだけ安く買いたい投資家のせめぎあいになるのです。

カン違い⑤「満室物件なら、安心」

1棟投資にせよ1部屋の区分所有にせよ、アパートやマンションに投資するなら満室にこしたことはありません。

満室なら、何かと有利だけれど……

満室であるということは人気のバロメータです。買う立場としては、空室率が2割も3割もあるということは、今後も住人が入ってくれないのではないかと心配です。逆にいえば、物件を売りに出す側からしても、**満室もしくは満室に近い状態にしないと売れない、売りにくい**ものです。

アパートローンを融資する金融機関にしても同様です。入居率が半分といった物件は融資対象としては、難しいものです。10戸ある物件なら、理想は満室ですがせめて9部屋、8部屋は埋まっている必要があります。埋まっていればいるほど銀行も貸しやすいわけです。ここに、大きな落とし穴が潜んでいるのです。

“無理やりに”つくられた満室

皆さんが投資を検討している物件には、必ず売主がいます。その売主の立場で考えてみればわかることですが、売りに出す際の物件は、できるだけ満室にしたいものです。ですから、例えば家賃を想定以上に下げてでも入ってもらう、といった**多少強引な方法でも満室にしておきたい**わけです。

例えば、2室だけ空いているとしましょう。この部屋を数カ月間のフリーレントを使ったり、相場より低い家賃で埋めている場合、それを引き継ぐ購入者も値上げはしづらく、正常な賃料で借りていただいている方からの将来の値下げ圧力にもなります。よって長期的な収支計画に支障をきたすこともあるでしょう。

最悪なのは、売主が社員など、自分の関係者を一時的に住ませるケースです。売主が法人や個人事業主の場合、売主が社員を住まわせていることがときどきあります。社宅のように用いられていても、この先、別の借主が入ってくれそうな見込みがあれば別ですが（まずありません）、一時的に知り合いで埋めているようなケースでは、購入後にすぐ空室が生じるかもしれません。

また、社宅として一括利用されていたらその「偏り自体」にリスクが潜んでいます。

たとえば「〇×産業」の工場で、物件の全室や過半を一括で借り上げ、工場で働く人を入居させているようなケースです。もしも将来、〇×産業が業績不振に陥り、社員をリストラしたらどうでしょう？　それらの部屋は一斉に空いてしまいます。

10世帯のうち、6世帯が同じ勤め先といった場合は、注意が必要です。社宅としての利用ではなくても、近くに大工場があると自然の成り行きで偏りができる場合もありますから、よく確認することが必要です。

いかがでしょう。**「満室だから安心」とはいい切れず、大きなリスクを含んでいるケースもあるのです。よって、それだけを判断基準に投資を行ってはいけない**ということをご理解いただけるのではないでしょうか。むしろ「満室であるのは歓迎すべきことだが、無理やり満室を演出してはいないか」と疑ってかかるくらいでなければなりません。

賃貸借契約書などで住人の入居日や勤め先を確認

Ｐａｒｔ3でレントロール（家賃表）や賃貸借契約書を見せてもらうようにおすすめしました。それらの資料から、入居日の違いによる家賃のばらつきを調べて、今後、取れそうな適正家賃をシミュレーションすることが必要なのですが、もうひとつ、住人の勤め先や職業などを調べておくことも大切です。

賃貸借契約書を見て、住人の勤務先も契約期間もバラバラで賃料にもばらつきがなければ、比較的安心です。先に述べたような一斉解約の心配がないですし、仮に入居者の退去が続いても、契約期間がバラバラなら一度に複数の部屋が空く心配は少なくてすむからです。

逆に、勤め先や契約期間が同じような部屋が目立つようなケースは要注意です。

物件を大枠で、気に入って、売買契約をしようかという段階にきたら、必ず賃貸借契約書の写しを見せてもらうべきです。**契約書の写しを要求して、それが出てこないということはほとんどありません。**仮に出てこなかったら、「見せられない事情があるのか?」と考えましょう。現在では、個人情報の問題もあるにはありますが、どうしても見せられないというなら、契約しないほうがいいと私は思います。

賃貸借契約書の写しを見れば、どういう人が入っているのか、だいたいの特徴がわかります。きちんとした物件ほど、住人がどこに勤めているかといったことがスムーズにわかるものなのです。

入居時の申込書を見せてもらう

住んでいる方の勤め先が、しっかりした会社であればひと安心です。無職の方もいるかもしれませんが、その場合、保証会社（連帯保証人を立てられない人が手数料を払って保証人を代行してもらう）がついているかを確認します。

また、契約書の写しからは細かな属性までわからない場合もあります。不安なら、現在の住人が契約を申し込む際の申込書を見せてもらえばいいでしょう。一般に、家を借りるときには多かれ少なかれ審査があります。厳しいところだと、会社に電話して実際に勤めているのかを確認しますし、中小会社の会社員や自営業者の場合は、保証人の勤め先や年収を見たり、本人だけでなく保証人の所得を証明する書類を提出させたりします。

こういった審査時の申込書を見せてもらうのです。皆さんが本気で購入を検討していたら、売主サイドもこれらの書類を当然出してきます。**本当に売りたいというのなら、買主の疑問や不安に答えるのは当然**で、出せないというのなら、何か出せない理由がきっとあるのでしょう。そういった部分をあいまいにして投資することを私はお勧めしません。すべては、後々のトラブル回避のためです。

カン違い⑥「管理会社がすべてをやってくれる」

物件を実際に購入するまでは、不動産業者さんやコンサルタント、売主さんとその仲介業者さん、金融機関の担当者など、さまざまな人たちと接触・交渉し、ときには厳しい要求やお願いをする場面もあるでしょう。

それらをクリアして晴れて大家さんになった日からは、「後は黙っていてもお金が入ってくる」とお考えの方もいるかもしれませんが、これまたカン違いです。

自主管理か他人に委託するか

パソコンだけで購入も売却も済ませられる株式投資などとは異なり、不動産投資では人との「縁」やつながりが大切だと述べてきました。人間関係は、物件の購入後、つまり物件の運用開始後も続きます。そういう意味で、**不動産投資は本来、人と接することが好きな人に向いている**ともいえます。

さて、物件を購入したらすぐ、管理をどうするか決めなければなりません。

大きく分けて、自主管理と管理業者へ委託という二つの選択肢があります。入退室時の契約や敷金の精算などは、専門知識や法律も絡んでくる分、不動産業者に委託することが一般的ですが、日常の管理（主に家賃延滞の催促と清掃業務）は専業大家さんとしてやる人もいます。特に地方ではその傾向が強いです。

会社員でもできなくはありません。経費の節約にもなることですし、やってみることもいい経験だと私は思います。家賃の催促が好きとか、苦にならない方はあまりいないかもしれませんが、人との交渉やつき合いが好きでしたら、試しにやってみる価値はあると思います。

最初の少しだけでもやってみれば、**不動産経営の実態もわかり、どんな人が住んでいるのか、また住人が満足してくれているかを感じとることができます。この経験はその後の運用に生かしていくことができる**でしょう。

外部に委託する場合はフットワーク重視

ただ実際問題、会社員が本業を続けながら日常管理も続けるのは、現実的ではないかもしれません。不動産経営の規模にもよりますが、清掃だけ外部に委託する例も多いです。

この場合、家賃の催促をする場合は、手紙や電話で行います。実は、常にそれで済めばまだいいのですが……これなら、賃貸経営としてはラクな方です。

一般に管理を外注した場合は、家賃の約5％程度を経費として支払うことになります。もちろん修理にかかる費用などは大家さんの実費もちです。

実際に管理会社は、家賃の滞納に対してどういうことをやっているのでしょう。滞納の常連や悪質な借家人に対して、手紙を出すだけでなく、部屋まで訪ねていきます。夜の7時に訪問して、帰っていなければ帰って来るまで待ち続けたりもします。実際にその人の顔を見て交渉しなくてはいけないからです。

不動産を運用していくうえでは、そういう陰の努力が必要なこともあるわけです。ですから、**管理会社を選ぶときは、きっちり清掃してくれるところは当たり前で、あらゆることに、フットワークの軽い会社を選ばなくてはいけません。**

例えば、廊下やエントランスなど共有部分の電気が切れました、といわれたとき、交換するのは大家さん側の責任です。「忙しいので3日間待ってください」なんて断れません。廊下やエントランスの電灯なら1日待ってもらえるかもしれません（理想はそういうことがないように、定期的に確認して先に交換しておく）が、「トイレが流れない、詰まった」

「水漏れしている」といった連絡には、基本的には24時間対応が必要なのです。土日でも夜中でも、緊急に水道屋さんを呼んで対応しなければなりません。

こういう現実を知ると、個人ですべてに対応するのはなかなか難しいと思うでしょう。現実を経験した結果、やっぱり自分ではできないということで、フットワークの良い管理会社に依頼するのもよいと思います。

管理会社を選ぶときには、手数料は安いほうがいいに決まっていますが、さらに、どういう対応をしてくれるのかを確認します。**24時間対応か、土日も何かあれば駆けつけてくれるのか？ それらの点を確認**することが重要です。

そして管理会社に日常管理をすべて委託するにしても、大家さんの仕事は完全にゼロになるというわけではありません。管理に不備がないかを定期的に物件を訪れて確認したり、修理の計画や見積もりも立てていかなければなりません。すべてをお任せしっ放しにしていれば、日常のメンテナンスの質が落ちたり、費用がかさんだりすることもありますので、定期的に物件を見回る必要があります。

カン違い⑦ 「不動産投資は自分ひとりでやるもの」

物件選びから購入に至るまで、不動産業者さんの力を少しは借りるものの、極力自分の判断と感度で投資する、そして購入後も管理業者に頼らず、自力で物件を運用していくといった方もいます。

不動産投資に限らず「投資はすべて自己責任で」といった原則が、各種の全金融商品のパンフレットや書籍に書かれています。確かにそのとおりなのですが、セカンドオピニオンを探すことはできるはずです。不動産投資に失敗しても、誰かが責任をとってくれるわけではありませんが、だからといって、すべて自力で勉強して完結させるというのはリスクが高いように感じます。

個人投資家にとって現在はある意味、非常に便利な時代です。ネットを通じていろいろな情報を入手できます。物件情報だけでなく、物件の投資手法まである程度は知ることができます。それもほぼフリーです。また、書店に行けば、数多くの不動産投資関連本が並んでいます。1冊1500円程度です。

そのような状況では、例えば私の会社（不動産の投資助言を行うような会社）などは存在意義がなくなってしまいそうなのですが、ありがたいことに日々お問い合わせをいただいています。これは私も不思議だったので、なぜか考えてみました。

①不動産投資には一つとして同じものがないので、その不動産固有の問題や心配な点は、不動産の数だけある。

②投資を実行しようにも、実際に探してみるとなかなかよい物件に出会えない。

③投資額が1件で数千万円以上の単位になるので、やはり、失敗が許されないと感じている。

といった事情があるようです。そしてこれらのことは事実でもあります。確かに不動産投資特有のリスクや心配があるのです。みなさんもすべて一人で完結しようとせずに、お近くの不動産投資会社に勧める方に助言を求めることをお勧めします。

税務関係は自分でやれば勉強にはなるが

何度でも申します。不動産投資では人との「縁」が大切です。株式投資などと違って、物件選びから契約、その後の運用に至るまで、多くの人と接触し交渉する必要があることも既に述べたとおりです。ここからは、運用開始後に絞ってみていきますが、実際にはさまざまなプロと「縁」を持つ機会があり、またそれらの人をパートナーとして信頼してよい「縁」をつくっていくほうが、皆さんにとっても有利に働くのです。

たとえば確定申告です。個人大家さんの場合、前年の1~12月に不動産投資で得た所得（家賃収入から諸経費を差し引いたもの）を所管の税務署に申告する必要があります。もちろん自力でも申告できますが、サラリーマンを続けていて確定申告の経験がない人やそもそも数字が苦手という人には辛いかもしれません。不慣れなうちは時間もかかります。清掃などの管理業務と同じで、**自力でやってみることは勉強にも節約にもなるので、私は「好きなら自分でやればいい」と思います。ですが「無理してまでやる必要はない」とも思うのです。**

不動産投資の所得が少ないうちはまだしも、運用規模が大きくなり税務署が不動産所得を「業」としていただけると認める規模（一般に5棟もしくは10室程度）になると、専従者給与の控除が認められるなど、さまざまな点で経費を認めてもらえる範囲が増えてきます。これらを自力で勉強するのも非常にいいことですが、第三者として助言をいただける税理士がいた方がよいかもしれません。

そのような場合は、信頼できる税理士さんに決算や日常の税務作業（経費の仕訳など）を任せてしまったほうが本業にも支障をきたさず、いいと思います。もちろん税理士さんへの費用は発生しますが、不動産運用にまつわる税務の相談にも乗ってくれ、自分では気付かなかった節税テクニックを教えてくれるかもしれません。

法務関係はプロに相談する必要がある

中長期の不動産運用では、ときに法律に関わる問題が発生することもあります。隣地との境界を巡るトラブル、さらには家賃不払いを話し合いで解決できず、大家さんが未払い家賃を請求する訴訟を起こさなければならないケースなどです。このような場合は、弁護士などの力を借りるのが一般的です。

また逆に、入居者が大家さんに対して内容証明郵便を送ってきたり、訴訟を起こしたりしてくることもあり得ます。大家さんサイドでは「明らかな入居者の問題」と思える部屋の傷やへこみを、その方の退室時に敷金から相殺して負担させた場合、先方が納得せず訴訟に及ぶといったケースです。

現在、「少額訴訟」という裁判制度があります。**60万円以下の支払いを求める裁判を簡**

易裁判所で行い、原則として裁判当日に判決まで出されるというものです。本裁判と比べて費用も手間もかからないことから、借家人が貸主に対して敷金返還請求などで用いる例が増えています。

このような問題をすべて「自分ひとりで」解決するのは困難です。専門家の手を借りるべき場面では、(もちろん費用はかかるものの) 素直に頼るべきではないでしょうか。

近年、大家さんを悩ます顕著な例としては、身寄りがなく保証人を立てられないお年寄りや急に帰国するかもしれない外国人 (留学生、外国人労働者) を受け入れるかどうかという問題があります。空室が続くより誰かに入っていただいたほうがよいが、あとあと問題はないか? という心配です。

私は、そういう場合は基本的に「保証会社」を立てることをおすすめしています。人のいいご高齢の大家さんが、渡航費まで立て替えた外国人の入居者に、半年分の家賃を踏み倒された例を聞いたことがあるからです。

COLUMN

GREED《グリード》と宮沢賢治

私の実家には、とても古くかつボロボロの（昭和一ケタ発行だったか？）文庫本が捨てられずに残っています。それは、宮沢賢治著の『銀河鉄道の夜』（岩波文庫）です。どうやら母が祖父からもらったもののようです。

私の母方の祖父が岩手県水沢の出身でして、同郷の賢治さんを非常に尊敬していたのです。しかし、私は全く興味がなく、ほとんど本を読まない残念な子どもでした。中学時代に「雨にも負けず」の詩を授業でやったときもまったく心に響きませんでした。本当に情緒のかけらもない子どもだったと思います。

ところが20代の半ばから急に、宮沢賢治の作品及び彼自身に興味をもちはじめて、作品だけでなく、評論なども含め相当多くの関連本を読みました。

岩手県民の受け継いだ血が何かを感じたのでしょうか？

それとも、バブル崩壊の殺伐とした日々から逃れたかったからなのでしょうか。

彼を自分なりに調べてわかったことがあります。

それは、あの宮沢賢治の数々の有名な童話は、実は「宗教童話」だったのです。

賢治さんは法華経を学ぶために東京のある宗教団体に入ろうとしたのですが、入信を断られ（経済的事情だったようです。入信というよりは団体への就職的な申し出に対する断りだったようです）、そこで、どうやら得意な創作童話で法華経の教えを世間に広めることを勧められたようなのです。

以後、宮沢賢治自身の人生も正に仏教の教えである「利他」＝「自分の利益ではなく他人に尽くすこと」を追求した人生でした。

実際、彼の生涯は自分の命を削り、地元農民に尽くしたものでした。

こういったことに疎い私も、宮沢賢治を通じて少しだけ仏教の本を読み始めました。そこで、「小欲」＝「幸せになるには欲を小さくもつこと」という言葉を知りました。

２００７年から２００８年の世界金融恐慌時に、多くの欧米の金融機関が破綻しました。１００年に一度といわれる危機を起こしたその原因は、「レバレッジのかけ過ぎ」とか、「わけのわからないものに投資した結果」であるとか、「格付け会社がよく調べもしないでいい加減な格付けをしたから」だとか、「米国民の借金して消費するという馬鹿さ加減が根本だ」だとかいろいわれてきました。

その最中、ある金融機関のトップは一言「金融恐慌の原因はGREED《グリード》（強欲）だ！」といい放ちました。

正にそのとおりなのだと私も思います。なかなか人間の欲は制御できないものです。この欲がわれわれ投資家にもときどき大きな悪影響をもたらします。

しかし、前述の「小欲」や「利他」といった仏教の教えや、中国古典『論語』の「中庸」という言葉はわれわれの投資に役立つのではないでしょうか。

こういった言葉を知らない欧米人は、今後どうやって自らの「GREED」と折り合いをつけていくのでしょうか？　そんなことが彼らの西洋思想、哲学から可能なのでしょうか？

結局は、給与の上限を設けるなどという小手先でやるしかないのでしょうか。まさか、社員教育で論語や仏教を取り入れることはないでしょうが。

われわれ東洋人は、こういった先人の「知恵」や「言葉」を事業や投資のうえでも活かすことができるはずです。

The Guide to Decision-Making and Investiment

part 5

売主・不動産業者から
本当の情報を引き出すために

質問力と
コミュニケーション
能力を磨く

不動産業者を質問攻めにする

最後に、交渉相手の本音を引き出したり、資料からは見えてこない物件の背景情報を調べたりする際の、質問方法や交渉の仕方、テクニックについてまとめていきたいと思います。

不動産仲介業者は、〝歩合制の仲人〟と思え！

いい不動産業者とは、「質問がしやすい」「（即答はできなくても）事実をきっちり調べてくれる」「物件のデメリットもしっかり伝えてくれる」人だと述べました。人柄が信頼できて調査能力もある方、と言いかえてもいいかもしれませんが、これに加えて「情報を持っている」業者さんならいうことはありません。

ただ、「いい情報」がいつ業者さんの元に入ってくるかはわかりません。要は、業者さんから信頼されて、そのような情報を優先的に伝えてくれる関係をつくることが重要になるのです。

例えるなら、不動産仲介業者さんの多くは〝歩合制の仲人〟のような存在かもしれません。男女を紹介して結婚に至れば手数料を得る〝歩合制の仲人〟がもしも存在するとすれば、売主と買主を結びつける不動産業者さんとそっくりです。互いの希望や条件をじっくりと聞き、ときには都合のよすぎる求めを常識の範囲で修正したりもします。そして、仲人さんの元に常にいい話（例えば高収入、高学歴、高身長の3高男性）があるとは限らないのと同様に、不動産業者さんの元にも、常にいい物件情報が巡ってくるというわけではないのです。

名刺とリーフレットを自分でつくる

ですから、投資対象エリアを決めて本格的に不動産業者を回る段階になれば、お見合い前につくる「身上書」ではないですが、自分を多少なりともアピールできる**名刺やリーフレットをつくり、業者さんに渡せるように準備**しておきましょう。

詳細は次ページを参考にしてもらえればと思いますが、名刺は社用のものとは異なる「投資用」のものがよいでしょう。ちょっと気恥ずかしいかもしれませんが、「（個人）不動産投資家」と肩書きを入れてもいいでしょう。リーフレットには、希望エリア（第三希望く

☑ 名刺やリーフレットで自分をアピールしよう

名刺

個人不動産投資家

長 谷 川　高

東京都○○区○○○-○-○-101
電話：090-000-0000
Eメール：○○○○@○○○○.jp

リーフレット

投資用不動産情報求む

投資対象	1棟売りのアパート、マンション
予算	5,000万～9,000万円
購入希望のエリア	東京近郊のもの
第一希望	東横線沿線
第二希望	田園都市線沿線
第三希望	中央線沿線
希望する利回り	表面利回り7%以上
その他	築年数10年以内

長谷川 高
東京都○○区○○-○-○-101
電話：090-000-0000
Eメール：○○○○@○○○○.jp

らいまで）、購入希望物件の種類（ワンルーム、木造アパート1棟など）、用意できる予算、希望利回りを最低限書いておくと便利です。

業者さんには、「予算（＝現金）がいくらある」ということはしっかりと伝えるほうがいいですが、自分に知識や経験があったとしても、それを表に出さない態度で接するのがいいと思います。そこで先方がどのような対応をしてくれるかを見るのです。

そうして信頼のおける業者さんを何人か見つけ、それらの人経由でいい情報をもらえたときは、遠慮なく根掘り葉掘り質問して、リスクの察知に務めます。

コンサルタントに税理士、弁護士、銀行員とのつきあい

ちょっと話が変わりますが、業者さんの心をつかむのと同様に、コンサルタントや税理士、弁護士といったプロ、金融機関の融資担当者と親しくしておくことも大切です。相手から好かれるようになれば、必要に応じて、根掘り葉掘り質問しても嫌がられることはないでしょう。

実は、**物件情報は不動産業者からだけでなく、そういった人々からもたらされることもある**のです。私の顧客で、東京の山谷に投資して成功した方がいます。この方は現在60歳

を過ぎており、会社経営をされています。資産も潤沢にお持ちで、2年前に2億5000万円で25室ほどのマンションを1棟丸ごと、山谷で購入しました。現在、表面利回り14%で回っています。

実はこの物件、**新築に近い完成間近の状態で、ある破綻企業から買ったもの**でした。そして、この投資家さんに話が舞い込んだルートは、銀行からだったのです。業者さんに限らず、人との「縁」を大切にする投資家の元には、「運」まで舞い込んでくるのです。

この方は、たまたま勤め人だった時代に山谷に縁があり、山谷のことをよく知っていました。ところが、久しぶりに訪れた山谷の急激な変わりように驚いたといいます。簡易宿舎は小奇麗なゲストハウスに生まれ変わり、平日でも外国人旅行客で溢れ、若い日本人の姿も目立ったそうです。

昔とはあまりにも街のイメージが違っており、止まった建設工事を再開させれば、あと少しで立派な〝新築物件〟が出来上がります。古い建物がほとんどのこのエリアにおいて、立地のよい物件は投資適格であると判断したのです。ある意味プロ的な判断であったと思います。

新たにつくばエクスプレスが乗り入れたJR南千住駅や、地下鉄日比谷線の三ノ輪駅まで徒歩10分圏内という立地も悪くありませんし、すぐ近くに建つ東京スカイツリーは街のブランドを高めるかもしれません。

その投資家は、銀行からの話を緻密に調査し、「格安で買えるのならGO」と、投資する決断をしたのでした。

質問力①「これだけいい物件なら、私以外にも買い手はいますよね」

いい物件に巡り合ったときほど、ライバルの動向を見極めることが必要ですし、皆さんが優先的に交渉できる場合も、価格交渉を有利に進める質問力や調査能力が大切になってきます。

「私以外にも買い手はいますよね？」

皆さんが交渉すべき不動産仲介業者さんは、買い手側と売り手側に分かれていることが一般的です。買うに値する物件なら、業者さんにこのように聞いてみてください。

「この物件は、あなたが直接、売主から預かったものですか？」

「直接専任をもらっている物件ですか？」

多くの場合、売り手側の業者がいて、そこにつながる業者が一社、もしくは複数います。そのような場合はルートのよしあしを意識しないといけません。なぜなら、それぞれの買い手側の業者にそれぞれのお客さんがいて、枝分かれしているからです。なかには、一人の業者さんが何人かに物件情報を〝蒔《ま》いている〟、つまり並行して話を進めている可能性すらあります。

物件のよしあしとリスクを調べることももちろん大切ですが、実際に物件を買うときには、この**「ルートがどうなっているか」を調べることも非常に重要です。**

そして、「私の先に2、3社入っています」となると、これはもう気が遠くなる話です。そんなときは、よほどルートが見えないと私は検討することを止めますし、買付証明書も出しません。おそらく業界でいうところの「出回り」物件だからです。

私たちプロは、日頃から信頼のおける業者に、根掘り葉掘りこう聞きます。

「直接もらっていますか？　専任とっていますか？　他に検討している方は？」

そして、他に出回っていない物件で投資適格であると思えば、即行動に移します。

「専任業者のところにいっしょに行かせてください。できれば売主さんとも直接話させませんか？　一緒に買付証明書を持って行かせてほしい、手数料はしっかり満額お支払いしますから」と。

「これだけいい物件は5000万円では買えないですよね」

価格交渉では、まず相手が本音をいいやすい、答えやすい質問をぶつけなければなりません。

「価格はいくらですか？」

と聞くと、杓子定規な返答しかこないものでしょうが、例えば次のように聞いてみるとどうでしょうか？

「これだけいい物件ですものね、5000万円では買えないですよね？」

5800万円と販売用チラシに表示しているものの、おそらく「5500万円くらいまでなら値下げしてもいい」と思っている売主さんや仲介業者さんの本音を聞きたいのです。

つまり、「下限はどれくらいなのか？」ということです。

「5000万円は厳しいですが、もう少し上乗せしていただければ交渉できるかもしれません」

と、こんな返答が聞けるかもしれません。

価格交渉では、把握したリスクを材料にする

また、現実的な価格交渉の段階では、値引きの材料となる具体的な数字がものをいいます。

例えば事前調査で判明している、水回りの大掛かりな工事、近い将来のエレベーターの交換、外階段に塗装の必要があること……これらの購入後に早急に手を入れなければならない点の金額を見積もって、値下げ交渉の材料にするのです。

「6部屋のうち、現在、空室の201と202の2部屋は水回りの工事が必要で、およそ300万円はかかると見積もっています。5400万円がギリギリとのことですが、その費用分を引いて、5100万円にはなりませんか？」

といった具合です。

あるいは、買値は5400万円のままで、契約する際の条件として、「売主の費用負担で○○の修理・修繕をする」といった条件で交渉することもできます。

質問力②「このあたり、工場の匂いとか音はいかがです？」

根掘り葉掘り質問するのは、不動産業者さんに対してだけではありません。売主や居住者、同じ物件内や周辺の住人などにも、疑問があればどんどん遠慮せずに聞いてみましょう。

「ここらへんは、夏はどうですか？」

朝晩や平日と休日、自分の足でそれぞれ調査する必要があることは述べましたが、季節ごとの環境の違いや過去のことまでは、それらの独自調査ではわかりません。冬場は気にならない匂いも、夏場には鼻につくこともあります。

「あそこの工場、音と匂いはどうですか？　一年中あんな感じですか？」

予想できるリスクについては、問題がないか近所の住民などに聞いてみましょう。

知りたいのに最もわかりにくいのが、住民のことです。できることなら全員と会ったほうがいいのですが、現実的にはなかなかできません。そこで、実際に物件に住んでいる人にゲリラ的に聞いてみるのもいいでしょう。

「実は今度、引っ越してこようと思うんです。住み心地はいかがですか？　隣室や上の部屋の音は気になります？　うるさい人とかいらっしゃいますか？」

こうやって建物の防音性能や、迷惑をかけている人がいないのかを調べるのです。私も依頼者に代わって物件を調査するときに、よくこの方法を使ってきました。図々しいと思われるかもしれませんが、**インターホンを押してこちらの名前をきちんと伝えたうえで、何をしに来たかの理由をしっかり伝え、節度ある聞き方をすれば、おおむね9割の人は答えてくれる**ものです。

余談ですが、私は北関東に縁があって、少しだけ方言もしゃべることができます。少し訛《なま》りを出してしゃべると効果的です。「地方から越してくるので、この辺のことがわからない人なのだろうな～」と思われるのでしょうか、丁寧に対応してくださる方が多いのです。方言を話すことができる方は参考になるかもしれません。

投資対象の物件に住んでいる人、隣りに住んでいる人、近隣に古くから住んでいる人、この三者にいろいろとヒアリングをかけることができれば、われわれプロも顔負けのさまざまな情報を得ることができるでしょう。

賃貸借契約書からは、わからないことを聞き出す

さらに、売主や売り手側の業者さんから賃貸借契約書などを見せてもらうことで、住人のこともだいたいつかめてきます。例えば、家賃の支払いが遅れがちな人がいるかどうか知りたいときは、次のように聞いてみましょう。

「10世帯あれば、1人や2人、家賃が遅れがちになる方はいますよね？」

〝不良〟賃借人がいれば取引の支障になることを知っている売り手側としては、聞かれなければ答えないといった類の事柄です。

「何か問題がある人はいますか？」

といった抽象的な質問では、プライバシーの問題もあって、なかなか本当のことを答えにくいものです。そこを「いまどき多少のトラブルは当たり前」というスタンスで問いかければ、聞かれた売り手側も答えやすくなるというわけです。

また究極のリスクかもしれませんが、私たちプロが「事故物件」と呼ぶ物件も注意が必要です。

警察庁の統計では、１９９８年から09年まで、自殺者数は12年連続して3万人を上回っ

ており、交通事故による死者数をはるかに凌ぐ数なのです。そのため、賃貸の住宅内で自殺を図るという不幸な例も増えています。

一般に事故物件は投資対象としては避けたいところです。

安すぎる売値、あるいは交渉のなかでの不自然な雰囲気を感じたら、周辺のお店や近隣の住人に聞いてみるべきです。

「あのマンション、ずいぶん空いているようですけど、何かあったんですか？」

失礼にはならないように、また不審に思われないようにすることは必要ですが、地元の方にとにかく自然と聞き出すことで、資料や地図には書かれていない不動産投資に潜むリスクを事前に察知できるものです。

質問力③「なぜ、この物件を売りに出すのですか」

こういった考えというか発想は、一般の方には、すぐに理解していただけないかもしれませんが、投資家はいい物件にいき当たったときほど、「どうしてこんないい物件が回ってきたのだろう？ 何か問題が潜んでいるんじゃないか？」と考える習慣をもつべきだと思います。

特にその物件が、ネットでの情報収集をきっかけにしたものであればなおさらです。ネットでは、毎日数千人、数万人という投資家がその物件を見ているのです。

プロの世界では、よい物件はネットには出さないというのが常識です。「出回り」物件になってしまえば地元の業者さんはすぐわかりますから、直接売主のところへ行って「私にも売らしてほしい」といってくる人が増えることになりかねません。

これを業界では、**「飛び込み」と言って、売主側の専任業者にとって迷惑な話なのです。**

これを避けるために、不特定多数の人の目に触れるような売り方は、本来したくないといった事情があります。

売られるからにはワケがある

ですから、36ページで紹介したレインズというネットワークにも、何丁目までしか出していない例があります。皆さんもそうではないでしょうか。もし自分の家やお父さんの会社を、何らかの事情で売りに出す場合、いきなりネットに情報を出すでしょうか？　おそらく出さないでしょう。誰が見ているかわからないし、他人からお金に困っているように見られるのも心外でしょうし、変なウワサを立てられてしまうかもしれないからです。

不動産も同様です。物件情報が「出回る」ことは、不動産業界では歓迎されない売り方なのです。業者さんとしても、自分にいい物件がきたら自分で買い手を探そうとするものです。それだけに、売り手にとっては余計なお世話でしょうが「なんで売るんですか？」と聞いておかなければなりません。

実は高利のお金を借りていて首が回らない、相続税が払えず難儀している……こんなハッキリした理由なら、私たちプロは、返って「なるほど！」と表情を変えずに、安く買う算段もするのです。

そのような切羽詰った理由がなくても、物件を売りに出す、そしてそれが買い手の皆さんに魅力的に映っているということは、**売り手側が何か「やむにやまれぬ事情」を抱えているると考えるべき**です。そうでなければ、そのまま賃貸経営を続ければいいのですから。

「質問力」で、売られるワケを探っていく

ここでも先に述べた業者さん、住人、周辺住民への聞き取りテクニックを応用します。業者さんに聞いても、書類を見てもわからないことが、先に述べたように足を使った聞き取りで判明することもあります。物件の周辺に、築30年を過ぎたような戸建てや、定年されたご夫婦が住んでいらっしゃるような家はないでしょうか。もしあれば、まずそういうところをあたってみましょう。

話好きの年配女性ならば詳しい話をしていただけるかもしれません。定年した男性や専業主婦は比較的時間がありますので、会話にお付き合いいただけるかもしれません。それに、長く住んでいればこそ、地歴も地位も知り尽くしています。一般に下町や古くからの街は聞き取りはしやすく、新興住宅地ほど最初は警戒されがちです。ここは、自分が困っていて助けてほしいというニュアンスを伝えましょう。

「実はある人に勧められて、あのアパートを買おうかと思っています。私は○○から来ま

したのでこの辺のことはよく知らないので、お教えいただけないでしょうか」

誠実に、謙虚に、が基本です。そして相手が受け答えしてくれるようなら、次第に聞きにくいことも聞いていけばいいのです。

「このアパートはとてもよい物件だと思うのですが、どうして所有者の方は売り出しているのでしょう？　不思議ですよね」とこの一言に対して、

「あの○○さんは、競馬とかパチンコとかが好きでね……。結構、借金があるみたいですよ……」といった答えが聞き出せるかもしれません。

言いにくいことを、先回りして言葉にする

価格交渉やライバルの人数を聞くときも同じですが、基本は**「相手の言いにくいこと、答えにくいこと」を先に想像して、それらを盛り込んだ質問を疑問系で繰り出す**のが有効です。例えば、業者さんに自分以外の競合相手を聞き出す場合、具体的な数字を織り込むことも有効です。

「いい物件ですからね、当然5人くらいは検討している人がいますよね？」

「いや長谷川さん、さすがに5人はいないよ」

「でも3人くらいはいるでしょ?」

「まあ、2人ってとこかな」

「じゃあ、4000万円の売却価格だけど、3800万円で買付け出しても難しいでしょうかね?」

「ウーン。ひとり先に4000万円で入れているらしいからね」

こんな風な会話のやり取りができるようになれば、核心に迫ったかなり実のある交渉ができますし、はなから無理そうな案件からは手を引くなりして、時間の浪費を防ぐこともできます。

注意してほしいのは、**相手の意向を先回りすることばかり考え、作為的になりすぎないこと**です。「妙に計算高いやつだ」と思われては本末転倒です。

笑顔で誠実に下手《したて》に、ただし困っているので何とか助けてください——こんな姿勢で臨むのが好感をもたれる秘訣だと思います。何もこれは、投資行為をする場面だけでなく、ビジネス一般においても同じだと思われますが。

質問力④「スケジュール的にはどうされるおつもりですか」

売り手が売り急いでいるのか、それともじっくりと構えて有利な条件で交渉をしようとしているのか、はたまたいい話があれば売るのか？　このあたりも探れる範囲で探ってみたいものです。

「スケジュールのご希望はあるんでしょうか」

Ｐａｒｔ１で不動産投資の流動性リスクについて述べました。不動産は株式などと違って現金化しにくいというリスクです。売り手のなかには、「来月の５０００万円より今月の４０００万円が欲しい」といった切羽詰った方もいます。

もし皆さんが資金繰りに余裕があれば、そういう機をとらえて、通常よりも安く交渉して物件を取得できる可能性もあるわけです。

例えば、

「ところで、スケジュールの希望はあるんでしょうか」

と聞いてみて、ここで、

「実は6月までには、どうしても売却したいのです」

といった返答がきたら、チャンスかもしれません。

「えっ？　それはどうしてですか？」

とさらにつっこんで聞いてみてください。

交渉のなかで、こういった質問を差しはさみ、様子を探ってみます。同時に登記簿謄本などもあたって抵当権がいくらついているのかを調べつつ、さらには周辺への聞き込みなどからも総合的に判断すればいいでしょう。

「持ち主は駅前でスーパーを経営されていると聞きました。来る途中覗いてみたんですが、流行っているようですね」

以前に聞き込みで知り合った人などにこのように聞いてみてもいいかもしれません。

「いやーそう見えた？　実は来月閉めるらしいよ……」

などという最新の情報を入手できるかもしれません。

スケジュールは買い手の側にも関わってくる問題

一つ成功例をご紹介します。

私の顧客で、東京の西巣鴨に投資して成功している方がいます。それもかなり古くて小さな戸建てを買って、内装を全面リフォームしたうえで戸建ての賃貸にして、うまく回っているというケースです。

表通りから少し入った20坪ほどの奥まった土地と家で、オーナーさんはリタイアしてマンションに移り住んでいます。８００万円という格安な値段での交渉になりましたが、それにはワケがありました。

その物件はかなり古く、物件調査をして確認したところ、建物に面した道路が「但し書き道路」といって、建築審査会に判断してもらわなければ建物が建つかどうかわからない、という物件だったのです。

昔からの古い家屋が密集している地域では、まれにこういうことがあります。住民が道路と思って使っている道が、法的には道路でないという状態です。建築基準法では、道路に接道していない土地に建物は建てられません。もちろん、建築の認可もおりません。

売主さんは、最初は建物を建て替えて新築として売りに出すことを考えていたようですが、建築審査会に通す手間や時間のロスを考えました。とにかく早く売却したい意向がありました。そこで、「建て替えができないかもしれない」という条件を双方が承知で、格安の取引になったのです。

内装の大掛かりなリフォームは最初にしっかりと計算し、500万円をかけました。計1300万円かけてそれなりの立派な戸建てに生まれ変わった物件は、月額家賃11万円、年間利回りでは10%で回っています。

売り手と買い手のスケジュールについても、投資の重要な要素となることを覚えておいてください。

質問力⑤「いつもありがとうございます。最近問題はありませんか？」

質問力の最後は、運用開始後の住人や管理業者とのやりとり・コミュニケーションです。**中長期に渡ってできるだけ満室状態を持続させるためにも、またいつかくるかもしれない売却などの出口戦略を有利に進めるためにも、大切なプロセス**です。

ときどき気軽にアンケートを取ってみる

といっても、なにも難しく考える必要はありません。

皆さんは既に大家さんです。Ｐａｒｔ2で述べたこれからの「大家業」の心得を思い出してください。そして皆さんは、借り手優位が続く時代に「大家業」を長年営んでいくのだ、と自覚してください。

答えはおのずと出てきます。そう、これまで培った質問力、交渉力を、住んでくださる住人の方に向けて発揮していけばいいのです。

「何かお困りのことはありませんか?」

そして、折に触れてこういったアンケートを取ることをお勧めします。

「何かお困りのことはありますか? あれば管理会社にでも私にでも、いつでもいいので気軽にご連絡くださいね」

地方投資などでどうしても物件を訪れることが困難な場合も、管理業者や現地で懇意にしている不動産業者とは折に触れて連絡を取ることをお勧めします。

「いつも丁寧に対応してくださってありがとうございます。何かトラブルなどはないですか?」

こういった「御用聞き」的営業スタンスで常に先手先手を打てれば、物件の日常管理レベルも向上し、長く住んでくれる住人が集う物件になっていくことでしょう。業者さんも皆さんの物件に、優先的に目をかけてくれるはずです。管理も、空室ができたときの入居者探しも、日頃からの関係がものをいうのです。

そして、前にも触れたとおり、2年ごとの更新時には何かプレゼントを差し上げてはどうでしょう。ここまでできれば、皆さんの不動産投資の未来は明るいと私は思います。

それでも、入退居のときなどには、お互いの意見や見方が食い違うこともあるかもしれません。ですから、入居のときと退居のときに、できれば**住人の方も立会いのうえで、室内や備品の写真を撮っておきましょう。**退居時の床の傷などが最初からあったものかどうかなど、確認のための資料となるからです。

理想論かもしれませんが、仮にちょっとした意見の相違があっても、日頃から住人の方々といい関係があれば話し合いで着地点が見つかるはずで、そのような写真も不要になるでしょう。

COLUMN

森ビル創業者・故森泰吉郎氏が港区の大家になった理由

皆さん、森ビルの創業者、故森泰吉郎《もりたいきちろう》氏をご存知でしょうか？

森ビルはいわずと知れた東京都港区の大家さんであり、森泰吉郎氏も元世界一の資産家と80年代後半のバブル期に米国誌で掲載されたこともある方です。

個人投資家や大家業をされている方に何か参考になることがないかと思い、『私の履歴書』（森泰吉郎・日本経済新聞社）を読んでみました。

同氏は、横浜市立大学の経済学部の教授から、55歳で家業の森ビル社長に転身したという変わった経歴の方です。

森ビルは、土地は独自でも更地から投資するものの、基本は地域との共同事業を行ってビルを次から次へと建ててきた異色のデベロッパーです。

いうまでもなくその結晶が、アークヒルズであり、六本木ヒルズです。

投資家の視線から、皆さんにも参考になると思われる点が幾つもありました。

1　森家は、元来、家は米屋であったが、明治時代から愛宕下辺りで米屋のかたわら近所の大名屋敷跡にできた貸家の「差配」を引き受けていた。つまり米屋をやりながら「賃貸斡旋」と「管理」を行ってきた。↓なんと最初は賃貸斡旋管理業から不動産ビジネスをスタートしていた。

2　生まれた家は35坪の３軒長屋、間口は二間のお米屋だった。↓元々大地主ではなかった。

3　米屋と差配などで儲けたお金で借家（借地権付き建物）を買い進んだ↓本業で儲けた資金を不動産に投資していった。

4　米問屋への支払いを分割してもらい、その浮いたお金で家作を買っていった。

5　関東大震災でほとんどの資産を一度失いかける。このとき、借地約１５０坪まで減少した↓天災で一時は経営危機に陥りそうになった。

6　関東大震災と太平洋戦争との間に、底地を底値で買い進め、終戦後には約１５０坪の土地が、郊外を入れて約２０００坪になっていた。↓完全なる逆張り、底値買いの手法を行った。

7　55歳で家業を継いだ後は、昭和30年代初めの頃からビルを建て始めたが、三井不動産社長の江戸英雄氏からビル経営のイロハを教えてもらった。↓しっかりした、それも一流のコーチ、メンター、顧問をもっていた。

8 森泰吉郎氏自身は、質素倹約かつ生真面目な方で、ある意味日本の古き大家さんの典型のような方だった。

以上です。

また、本人曰く「何よりも港区という場所で創業したことが幸運だった」とも。日本全国で地価が高騰し、誰もが儲かった不動産バブルのときにも投資エリアを港区に限定した点は、やはり異色かつ自分の指針を貫いた経営者であったと感じます。

また、底地を買って借地権者と共に共同事業をする点などは今では珍しくありませんが、共同事業などで建物を建てていくという手法はわれわれ個人投資家も応用できるのではないかと思いました。

あと、何といっても極めつけは、（いうまでもないことですが）港区という将来一大オフィス街となるエリアにおいて、関東大震災後から第2次世界大戦にかけて正に底値？　で土地（底地）をこつこつと買い増していったことでしょう。

本当の意味でこれ程の底値？　で土地を買うことは日本ではもう無理でしょうが、将来性のある不動産を地価が安いときに買っておくことがいかに重要であるかを教えてくれています。

これと同じことができるのは、今の中国（もう遅いかもしれませんが）やベトナム、タイやカンボジアかもしれません。

しかし、われわれにとって外国における「将来の港区」がどこかを判別することはなかなか難しいかもしれませんね。

おわりに

不動産投資のスタートを切る前に

ここまで不動産投資のなんたるかや、これから始めるにあたっての気構え、そしてノウハウについて、私が20年余りで培ってきたことをまとめました。えらそうなことも書き連ねましたが、ひとえに皆さんの成功を祈ってのこと、ご容赦ください。

成功するためのノウハウや実例も紹介する一方、本書のタイトルにもなった「やってはいけない」投資についても述べました。それらの例を皆さんの身に置き換え、半面教師として利用してもらえれば幸いです。

勝ち続ける人はいない

それにつけても、不動産投資の難しさ、奥深さを改めて感じます。と同時に、調査や交渉において、自分のあらゆる人間力を投資に絡めていくことができる、不動産投資の面白さと達成感についても思いを新たにしました。

本書で述べたことが、どれだけ皆さんの共感を得られるかわかりません。が、少なくとも共感いただけたことについては、皆さんも頭のなかでは「理解」してくれたことだと思います。ところが、不思議と実践するとなると、理解したはずのことができない」、「逆の行動をとってしまう」ということがよくあるのです。

投資やビジネスの世界で勝ち続ける（＝成功し続ける）ことは、本当に難しいことです。おそらく国語的には、私のいうことを理解いただけると思うのですが、あまりピンと来ない方も多いと思います。頭で理解することと腹の底からわかるということは、別の次元のことなのも事実です。

私が知っている範囲では、投資の世界で勝ち続けた日本人は、ほとんどいないのではないかと思うくらいです。


とはいえ、始めなければ成功も失敗も経験できません。

投資は水泳と同じで、いくらプールサイドで泳ぎ方を手取り足取り学んでも、おそらく3年たっても実際に泳ぐことはできないでしょう。投資も実際にやってみなければ、何もわからないのです。

投資はスポーツや受験にも似ている

準備をしっかりとしつつ、「待つ」ことも忘れてはいけません。

よほど潤沢な資産がある人は別にして、不動産投資は数ある投資商品のなかでも高額なため、分散投資がやりにくいのです。そして何より、最初が肝心です。

最初の不動産投資に成功してキャッシュフローが安定して入ってくるようになれば、その後の投資計画や家計も大きく変わってくるはずです。

投資は、スポーツや受験にも似ていると思います。

それは勉強や練習などの努力をした者全員が、難関校や甲子園に行けるわけではありませんが、少なくとも努力をしない者が、難関校や甲子園に行けることはまずありません。

その点を忘れずに、明日から物件選びや調査・勉強を始めてみてください。

皆さんの投資活動と人生における成功をお祈りしています。

な

は

ま

や

ら

索引〈五十音順〉

本書で登場した、専門的な用語を五十音順で掲載しています。
複数登場する場合は、主なページを掲載。

あ

か

さ

た

[著者プロフィール]

長谷川 高（はせがわ・たかし）

株式会社長谷川不動産経済社代表。http://www.hasekei.jp
自身もプレイヤーとして投資や不動産取引を行う実践派の不動産コンサルタント。東京生まれ。立教大学経済学部経済学科卒。大手デベロッパーの投資担当として、ビル・マンションの企画開発、都市開発事業に携わり、バブルの絶頂期から崩壊までを第一線で体験する。1996年に独立し、以来一貫して個人・法人の不動産と不動産投資に関する相談、調査、顧問業務を行う。また、メディアへの出演や講演活動を通じて、難解な不動産市況や不動産投資術をわかりやすく解説している。著書に『愚直でまっとうな不動産投資の本』（ソフトバンククリエイティブ）『お金を生み出す家を買いたい』（WAVE出版）など。

不動産投資

これだけはやってはいけない！

2011年4月5日　第1版第1刷

著者――――長谷川 高
発行者――――矢次 敏
廣済堂あかつき株式会社
出版事業部
住所　〒104-0061東京都中央区銀座3-7-6
電話　03-6703-0964（編集）
03-6703-0962（販売）
FAX　03-6703-0963（販売）
振替　00180-0-164137
URL　http://www.kosaidoakatsuki.jp
印刷所
製本所――――株式会社廣済堂
装丁――――渡邉民人（TYPE FACE）
本文デザイン――相馬孝江（TYPE FACE）
編集協力――楠本 亘
DTP――――三協美術
編集――――江波戸裕子（廣済堂あかつき）

ISBN978-4-331-51491-7 C0077